NOUVEAUX ÉLÉMENS
D'ARCHITECTURE,

DÉDIÉS A MONSEIGNEUR

DE SARTINE,

MINISTRE ET SECRÉTAIRE D'ÉTAT

AU DÉPARTEMENT DE LA MARINE;

Par le Sieur PANSERON *, ancien Professeur de Dessin à l'Ecole Royale Militaire, & Professeur d'Architecture.*

TROISIEME PARTIE.

A PARIS;

Chez DESNOS, Libraire, Ingénieur-Géographe du Roi de Danemarck, rue Saint-Jacques, au Globe.

M. DCC. LXXVI.

Avec Approbation, & Privilege du Roi.

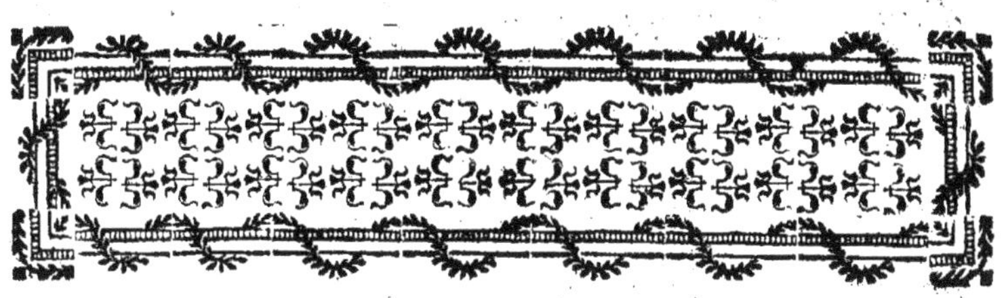

AVERTISSEMENT.

*Nous avons traité, dans la premiere Partie, des cinq Ordres d'*Architecture*; nous avons parlé dans la seconde, de la* Sculpture *relativement à l'Architecture : dans cette troisieme Partie, après avoir exposé l'origine de l'Architecture, nous traiterons de la maniere d'appliquer les cinq Ordres à la* Construction des Edifices. *Nous expliquerons ensuite en peu de mots, la Théorie des ombres; nous nous attacherons à représenter les principes de la distribution des* Bâtimens d'habitation, *ainsi que ceux de la distribution des Jardins : nous donnerons plusieurs exemples* *d'un goût nouveau pour la décoration des* Appartemens : *ensuite nous parlerons de la Construction & des divers Matériaux ; de leurs bonnes ou de leurs mauvaises qualités, & enfin de la maniere de les employer.*

ORIGINE DE L'ARCHITECTURE.

A ne considérer l'Architecture que du côté de la nécessité, on ne sauroit douter qu'elle ne soit aussi ancienne que le monde, & l'un des principaux Arts que le besoin ait fait découvrir aux hommes. Perfectionnée peu-à-peu, elle fit éclorre un grand nombre d'autres Arts destinés à embellir les bâtimens, à accélérer leur construction, ou à leur procurer de la commodité, de la solidité, & de la salubrité.

Les premiers hommes, pour se mettre à couvert de l'intempérie de l'air, des vicissitudes des saisons, des insultes des bêtes féroces, se bâtirent des hûtes & des cabanes où ils se logerent : les roseaux, les cannes, les branches & les feuilles d'arbres, leur écorce, l'argile, furent les matériaux dont ils firent usage. A mesure que les familles s'augmenterent, ces habitations informes s'agrandirent. Aussi-tôt que les hommes eurent senti le besoin qu'ils avoient d'être ensemble & de se prêter des secours mutuels, leurs demeures grossieres, isolées, éparses dans les déserts, devinrent des hameaux peuplés : ces hameaux ne tarderent pas à devenir des bourgades, & ces dernieres des villes. Ensuite il fallut des édifices publics pour les divers besoins d'un peuple rassemblé ; il fallut des monumens qui servissent comme d'annales à son histoire. La Religion érigea des bâtimens consacrés au culte extérieur. On vit s'élever des *Temples*, des

Palais, des *Basiliques*, des *Places publiques*, des *Tombeaux*, qui consacrerent la dévotion des peuples, désignerent la magnificence des Grands, embellirent les Capitales, & immortaliserent la mémoire des Héros. Après avoir bâti de grandes villes, on songea à se prémunir contre l'ambition de ses voisins : on leur opposa de fortes barrieres ; on construisit des murs ; on creusa des fossés ; on éleva des tours. Enfin les hommes avides de ce qu'ils ne possédoient pas, peu satisfaits des productions qu'ils trouvoient dans leur climat, voulurent s'enrichir de ce que la nature faisoit naître abondamment dans les lieux les plus reculés. Malgré les vents & les eaux, ils tenterent de franchir ces immenses espaces de mer qui séparent les diverses régions de l'univers : à l'aide des bois, ils se fabriquerent des maisons flottantes, avec lesquelles ils pénétrerent jusqu'aux extrêmités de la terre.

Telle est l'origine des trois sortes d'Architecture que nous connoissons, la *Civile*, la *Militaire* & la *Navale* : arrêtons-nous à la premiere ; c'est d'elle seulement que nous allons parcourir les différens âges, avant de donner les connoissances élémentaires de cet Art.

De l'Architecture dans l'Asie & en Egypte.

Les soins qu'exige l'Architecture forcerent les familles qui s'y adonnerent à se fixer dans un même lieu : ce genre de vie les porta bientôt à se construire des demeures commodes & solides avec le bois, la brique, la pierre & le marbre. Nous lisons dans l'Ecriture sainte que Caën bâtit une ville qu'il nomma *Henoc*, du nom de son fils. Il y eut des villes aussitôt qu'il y eut assez d'hommes pour les peupler : l'Art de bâtir prit naissance dans les mêmes lieux que les premiers hommes habitoient. L'Asie, berceau du genre humain, fut en même temps celui de l'Architecture. La *Caldée*, l'*Egypte* & la *Phénicie* furent, après le déluge, les premieres contrées où *Nemrod* & *Assur* fonderent de grandes Capitales ; mais, n'en doutons pas, cet Art étoit encore dans l'enfance. Malgré cette célebre *Tour de Babel*, & l'étendue des villes de *Ninive*, de *Rezen* ; malgré le palais & les jardins de *Sémiramis*, les superbes murailles de Babylone, qui avoient deux cens pieds de hauteur & trente pieds d'épaisseur ; malgré les fameuses villes de *Thebes Memphis*, &c.

l'Architecture n'a été vraisemblablement cultivée avec succès que chez les Grecs. Jusques là on n'avoit presque construit que des ouvrages colosseux, que des édifices spacieux, que des bâtimens prodigieux par leur masse. *Sésostris*, l'un des plus célebres Monarques de l'antiquité, *Sésostris*, dans le loisir de la paix, fruit de sa valeur & de ses conquêtes, pourvut d'abord à la sûreté & à la commodité de l'Egypte; ce fut lui qui bâtit cette belle muraille de quatre-vingt-cinq lieues & demie (*a*), laquelle prenoit depuis *Pelus* jusqu'à *Heliopolis*; il fit construire des canaux pour arroser la terre, faciliter la communication des villes & le transport des marchandises. On a, par ses ordres, érigé ces palais immenses que nous vantent les Historiens anciens : chaque ville avoit des Temples en l'honneur de la Divinité; ce fut lui enfin qui fit tailler ces fameux Obélisques dont on peut encore juger aujourd'hui par celui qui fait l'ornement de Rome : son but, en érigeant tous ces monumens, étoit d'apprendre à la postérité la gloire de son regne & le nombre de Nations qu'il avoit subjuguées.

Nous ignorons absolument le goût, l'ordonnance & la décoration de ces divers édifices : *Hérodote* nous apprend seulement qu'on y employoit des pierres d'une grandeur prodigieuse. *Homere*, en parlant des palais des Princes, dont il donne une description assez étendue, semble faire consister la magnificence de ces édifices dans leur grandeur étonnante & dans la richesse des matieres & des ornemens intérieurs; mais il ne parle ni de la décoration, ni des proportions qui étoient observées dans les bâtimens : ce qui prouve assez que, quoique les Egyptiens aient fait construire de vastes édifices, la solidité des matieres en tout genre leur tenoit lieu des beautés de l'Art, & qu'ils méconnoissoient cette belle ordonnance qui annonce, par son aspect, l'usage des monumens qu'elle décore. Il est vrai qu'ils employoient les *colonnes* & les *pilastres*; mais ils ignoroient ces trois différentes expressions, *solide*, *moyenne* & *délicate*, qui désignent si supérieurement les ordres *Dorique*, *Ionique* & *Corinthien*; découverte des Grecs qui prouve que ces peuples sont les premiers qui aient déterminé les véritables beautés de l'Art.

(*a*) A 2000 toises par lieue.

De l'Architecture Grecque.

CEPENDANT il faut convenir que les travaux des Egyptiens n'ont pas peu contribué à procurer aux Grecs la supériorité qu'ils ont acquise dans l'Architecture. Ceux-ci commencerent à s'écarter du goût dominant qu'avoient les Egyptiens pour le colossal, & s'appliquerent aux belles proportions & à la régularité des formes; perfections qui devroient nécessairement avoir échappé aux premiers, qui n'avoient en vue que la grandeur & le merveilleux. Les Egyptiens étoient parvenus sans doute à bâtir solidement; mais les Grecs devinrent capables de bâtir avec goût. Les premiers, tournés vers le gigantesque, méconnoissoient les graces de l'Art; occupés des difficultés de la main-d'œuvre, pleins du desir de l'immortalité, ils négligerent la finesse de l'exécution : les seconds donnerent à l'Architecture cette régularité, cette correction, cette précision, qui satisfont l'ame & présentent un concert admirable aux yeux des spectateurs intelligens. En un mot, les Grecs sont les véritables créateurs de l'Architecture; eux seuls ont acquis le droit de se faire des imitateurs. Il est vrai qu'ils n'arriverent pas à ce degré de supériorité sans beaucoup d'efforts. Dans les commencemens, leurs demeures étoient semblables aux antres qu'ils habiterent dans leur origine; elles n'étoient construites qu'avec des matériaux grossiers : dans la suite, ils imaginerent de pétrir, de façonner la brique, & de la faire cuire au feu.

Le Temple de *Delphes*, dont parle l'Histoire, n'étoit d'abord qu'une simple chaumiere couverte de branches de laurier. L'*Aréopage* consistoit dans une espece de cabane enduite de terre grasse. Ce fut *Cadmus* qui apporta chez eux l'Art de travailler les métaux : ainsi ils ne tarderent pas à devenir d'excellens théoriciens, en se rendant attentifs à tout ce qui les avoit précédé; en cultivant les Sciences, les Mathématiques, l'Art du Dessin, celui de la Peinture, de la Sculpture, & de l'Agriculture, on sait combien ces peuples ont excellé dans tous ces genres. Rien de si admirable que les Temples que la Grece consacra à *Bacchus*, dans l'*Ionie*; à *Diane*, dans la *Magnesie* & à *Ephese*; à *Junon*, dans l'Isle de *Samos*, dans l'*Eubé*, &c. & tant d'autres Temples, construits pour la plupart des marbres les plus précieux, & revêtus des ornemens les plus analogues à leur genre,

genre : c'étoit une récompense pour les plus fameux Artistes, que d'y placer quelques-uns de leurs ouvrages. Ces monumens devinrent la gloire de la Nation, la regle & le modele de la perfection pour la postérité.

Les demeures des Rois, dans la suite, le céderent à peine aux Temples des Dieux : on vante la somptuosité du palais de *Mausole*, Roi de *Carie*, & celle du célebre tombeau consacré à ce Prince. Cet édifice, après avoir été regardé comme une des merveilles du monde, a donné le nom de *Mausolée* à tous les monumens destinés dans la suite à conserver les cendres précieuses des grands hommes. En un mot, il n'y eut point de ville un peu considérable dans la Grece, où l'on n'érigeât quelques *Temples*, *Palais*, *Tombeaux*, *Acqueducs*, *Fontaines* & *Maisons particulieres*, capables d'attester le goût & la magnificence de ces peuples.

De l'Architecture Romaine.

Bientôt les Romains envierent tant de merveilles aux Grecs ; & lorsque, par le commerce qu'ils eurent avec cette Nation, ils se furent instruits à donner à leurs bâtimens qui, jusques-là semblables à ceux des Egyptiens, n'avoient été que vastes & solides, la régularité, la disposition & l'ordonnance, ils s'efforcerent de les surpasser. Malgré toutes leurs tentatives pour imaginer de nouveaux *ordres*, ils ne purent inventer que le *Toscan* & le *Composite*, foible imitation des ordres précédens ; ce ne fut même qu'après la perte de sa liberté, qu'on vit Rome s'embellir par des chefs-d'œuvre.

Auguste, *Trajan*, *Adrien*, *Antonin*, *Constantin*, & tant d'autres, firent construire le *Penthéon*, le *Collisée*, les *Ponts* du *Tibre* & du *Danube*, la *Maison dorée*, les *Colonnes Trajannes* & *Antonines*, les *Chemins*, les *Acqueducs*, l'*Emphitéâtre*, le *Théâtre* & les *Arenes* d'*Arles*, la *Maison quarrée*, le *Temple* d'*Isis*, la *Fontaine* & le *Fort de Nîmes*, le *Pont du Gard*, & plusieurs monumens & autres édifices rénommés, qui subsistent encore en tout ou en partie dans les lieux où s'étendit la puissance Romaine, ou qui ont été détruits par l'irruption des Barbares, les injures du temps & la superstition des premiers Chrétiens. Les Empereurs qui furent les peres du peuple, le furent aussi des beaux Arts, &

particuliérement de l'Architecture. Tant de grands édifices, fruits de cette Nation florissante, contribuerent à former des Artistes du premier ordre : les cérémonies de leur Religion qui se faisoient avec pompe, la foule des Etrangers que les fêtes solemnelles y attiroient, les différens exercices, les combats des Gladiateurs, les Nomachies, les Portiques où s'assembloient les Philosophes, les Basiliques où se rendoit la Justice, les Arcs de triomphes; tous ces objets contribuerent au succès de l'Architecture, & lui firent produire des monumens admirables, dont les vestiges nous étonnent encore : mais elle se ressentit des revers qui accablerent ce vaste Empire; elle fut en proie à la licence & au mauvais goût; elle ne se releva que quand cette superbe ville fut généralement connue pour la Capitale du monde Chrétien. Les Goths, les Francs, les Huns, les Vandales, & toutes les Nations qui sortirent de l'extrêmité du Nord, ravagerent l'Empire Romain, & le partagerent entr'eux. Ces Barbares détruisirent tous les monumens de la splendeur de cet Empire; ils en auroient détruit jusqu'aux moindres vestiges, si quelques-uns de leurs Rois, moins cruels, n'eussent ordonné qu'on rétablît dans Rome, & dans les Provinces voisines, les monumens endommagés, & qu'on rassemblât les débris de ceux qui ne pouvoient être rétablis. *Théodoric*, *Amalazonthe*, firent principalement éclater leur amour pour les beaux Arts, & ranimerent le goût de l'Architecture.

Les Rois des Isles Britanniques & ceux des François, ne montrerent pas moins d'inclination pour elle, & l'on vit s'élever un nombre considérable d'Eglises que *Clovis*, *Childebert*, *Clotaire* & *Dagobert* firent construire dans diverses villes de leur Royaume. A l'exemple de ces Rois, toutes les Puissances de l'Europe, sur-tout les Princes & les Républiques d'Italie, affectionnerent l'Art de bâtir, & signalerent leur Gouvernement par des édifices publics ou particuliers. Mais il étoit réservé au Restaurateur de l'Empire d'Occident, au Fondateur du nouveau Trône de Rome, de rétablir la gloire des Arts, & particuliérement celle de l'Architecture. L'Allemagne, l'Italie, la France, conservent encore des restes précieux des Temples que Charlemagne a fait ériger. Un des plus beaux restes des ouvrages gothiques que Charlemagne ait fait élever, c'est l'Eglise d'Aix-la-Chapelle, où ce Prince fut enterré.

Louis-le-Débonnaire, son fils, eut à-peu près le même goût pour l'Art de bâtir; mais les troubles qui arriverent sur la fin de son regne & pendant ceux de quelques-uns de ses Successeurs, retarderent les progrès que l'on avoit espérés ; ce qui donna le temps aux Normands, aux Danois & aux Sarrasins, de détruire la plupart des Eglises & des Palais que leurs Prédécesseurs avoient fait élever ; & ce ne fut guere que sous le regne de *Charles-le-Chauve* & de *Robert*, qu'on en vit rétablir quelques-uns, & que ces Princes ranimerent un Art dont le goût avoit encore changé prodigieusement depuis la décadence de l'Empire Romain.

De l'Architecture Gothique ancienne.

LES *Goths*, en s'adonnant à l'Architecture, sentirent peu les beautés de celle des Grecs & des Romains : sortis des parties septentrionales de la terre, où ils étoient accoutumés à se précautionner par nécessité contre les rigueurs des froids, des vents, des eaux, ils rapporterent dans des climats plus heureux, les mêmes idées que le besoin leur avoit fait naître : ils les réformerent, à la vérité, sur les modeles qu'ils avoient sous les yeux, mais ces modeles n'étoient plus eux-mêmes aussi parfaits que sous le regne des *Césars*. Depuis cette époque l'Architecture avoit considérablement dégéneré ; aussi vit-on chez les Goths la prodigalité des ornemens préférée à la simplicité noble & majestueuse des monumens anciens : on s'écarta même des proportions ; au lieu d'imiter les troncs des arbres, on n'imita que les branches. En un mot, ces peuples n'appliquerent leur industrie qu'à élever des monumens qui, par leur structure & leur assemblage, n'offrirent que de la singularité & non une véritable beauté.

Tant d'incertitudes, d'irrésolutions & de doutes, qui durerent jusqu'au onzieme siecle, firent éclorre un nouveau genre d'Architecture.

De l'Architecture Gothique moderne.

LES *Maures*, en se rendant maîtres de l'Espagne, amenerent aussi avec eux les Sciences qui fleurissoient dans leurs pays, & bientôt elles s'étendirent dans toute l'Europe. Les *Arabes* avoient fait des progrès dans la Philosophie, dans les Mathématiques, dans la Chymie, dans la Médecine ; on lut leurs Auteurs, & l'Architecture se ressentit du génie qui dominoit dans leurs productions. Un très-grand nombre d'édifices sacrés, de palais & de châteaux furent construits dans le genre mauresque, sous le regne de *Philippe-Auguste*, de *S. Louis* & de leurs Successeurs, mais sans qu'on évitât ce qui pouvoit convenir plutôt à des pays chauds qu'à des climats tempérés. C'est cette Architecture qu'on a depuis appellée *Gothique moderne*, laquelle subsiste en Italie, & particuliérement en France. *Philippe-Auguste* fit considérablement agrandir & embellir Paris ; ce fut sous son regne que *Robert de Luzarche* & *Thomas de Casmont*, fameux Architectes du temps, bâtirent l'Eglise Cathédrale d'Amiens ; que *Hugues le Bargier* commença à rebâtir l'Eglise de Saint Nicaise à Reims, que *Jean de Chelles* travailla à celle de Paris, que *Pierre de Montreau* bâtit la Sainte Chapelle de cette même Ville, celle de Vincennes, le réfectoire, le dortoir, le chapitre & la chapelle de Notre-Dame, qui sont dans le Monastere de Saint Germain-des-Prés ; & quantité de bâtimens & sur-tout d'Eglises, que fit construire *Saint Louis*, par *Eudes de Montreuil*, dont il est parlé comme d'un habile Artiste (*a*). Cet Architecte accompagna le Roi dans le voyage de la Terre-sainte, où il fortifia le Port de Joppé ; & après son retour, il eut la conduite des Eglises de Sainte Catherine du Val-des-Ecoliers, aujourd'hui Culture-Sainte-Catherine, de l'Hôtel-Dieu, de Sainte-Croix de la Bretonnerie, des Blancs-Manteaux, des Quinze-vingts, des Mathurins, des Chartreux & des Cordeliers. Outre ces Eglises, on bâtit encore sous le regne de *Saint Louis*, & par les libéralités de ce pieux Monarque, l'Eglise & l'Abbaye de Saint Antoine près Paris, l'Eglise des Filles-Dieu, celles des Jacobins, des Carmes, des Cordelieres du Faubourg Saint-Marcel, les Abbayes de Lis près Melun, de Lonchamp proche Saint-Cloud, de Saint Adrien près de Rouen, les Hôtels-Dieu de Compiegne, de Pontoise, de Vernan ; l'Eglise & l'Abbaye de Mont-Buisson, l'Eglise des Religieuses de Peisy, le Monastere avec l'Eglise de Royaumont. Enfin, *Jorselin de Courvaul* fut un autre Architecte qui suivit le Saint Roi dans l'Orient, en qualité d'Ingénieur, & qui inventa plusieurs machines de guerre.

La fondation de la *Basilique* de Saint Pierre de Rome, monu-

(*a*) Voyez la Vie des Hommes Illustres, *Liv.* 6.

ment célébre & qui rend croyable tout ce qu'on rapporte des plus fameux monumens de la Grece, fut l'époque de la renaissance de la belle Architecture. Les efforts que firent les Artistes du temps, pour donner les dessins d'un Temple plus beau, plus vaste, plus régulier que celui dont le premier Empereur Chrétien avoit été le Fondateur, forcerent les Architectes Italiens de puiser l'idée du vrai beau dans les exemples des Grecs & des Latins qui les avoient précédés. Leurs génies s'échaufferent; le desir de voir passer leurs noms à l'immortalité avec celui de ce superbe édifice, fit éclorre des Artistes du premier ordre, qui rendirent à l'Architecture, à la Sculpture & à la Peinture, la perfection que des siecles d'ignorance avoient, pour ainsi dire, anéantie.

L'ancienne Basilique de St. Pierre, selon les plans qui nous ont été conservés, étoit composée de cinq nefs dont les voûtes étoient soutenues de cent colonnes d'ordre corinthien. On y arrivoit par une grande place quarrée, ornée de vastes portiques : *Constantin le Grand*, l'an 324, en avoit ordonné la construction huit jours aprês son Baptême. Le Pape Nicolas V, voyant que cet ancien monument touchoit à sa ruine, résolut de rebâtir une nouvelle Eglise, dont la magnificence surpassât celle de Constantin, & chargea *Bernard Rossetin* de travailler au plan de cette Eglise, il fit ensuite part de ses idées à *Leon-Baptiste Alberti*, Architecte Florentin, qui, pour se préparer à ce grand ouvrage, entreprit particuliérement de construire au chevet de l'ancienne Basilique, une vaste Tribune. Pour y parvenir, il démolit le Temple de *Probus*, placé derriere; mais il ne put l'élever avant sa mort, qu'à la hauteur de quatre pieds & demi.

La mort qui surprit aussi *Nicolas V*, ne lui permit pas de voir exécuter le projet d'*Alberti* : ce fut *Jules* II qui en posa la premiere pierre, la troisieme année de son Pontificat. Dans la suite, après avoir ordonné aux plus habiles Architectes de ce tems-là, de faire des dessins pour le nouveau Temple, il préféra celui de *Lazare Bramente*, comme le plus parfait.

Cependant *Michel-Ange Bonarota*, jeune alors & nouvellement arrivé à Rome, osa blâmer hautement l'audace de Bramante, qui, pour accélérer la construction de son Eglise, avoit fait briser les colonnes de Constantin, qu'il auroit pu, dit-il, conserver en entier, & faire servir à la nouvelle Eglise.

Bramante avoit poussé en peu de tems son édifice jusqu'à l'entablement des quatre principaux piliers, & étoit occupé à composer une nouvelle charpente pour soutenir les grandes voûtes, lorsque la mort l'enleva en 1514. *Leon X* ayant été choisi pour succéder à *Jules II*, mort un an avant Bramante, donna toute son attention à l'Eglise commencée par ces Architectes, & en chargea alors *Julien de St. Gal*, *le Frere Joyeuse Veroneze*, Dominicain, & leur associa *Raphaël d'Urbain*, qui avoit appris l'Architecture de Bramante son parent. Julien ne fit pas long séjour à Rome ; il mourut à Florence en 1517. Le Frere Veroneze s'en retira peu de tems après, & Raphaël mourut en 1520. *Leon X* commençoit à désespérer de faire achever l'entreprise de Bramante, lorsque *Baltazar Pérusius* proposa au St. Pere de réformer plusieurs choses au plan de Bramante, qu'il ne croyoit pas assez solide : il conservoit cependant le grand dôme ; mais il donnoit une forme quadrangulaire à l'Eglise, au lieu de rectangulaire que lui avoit donné Bramante. *Leon X* tomba malade dans cette conjoncture & mourut en 1521.

Adrien VI, qui lui succéda, ne regna que neuf mois. Les malheurs du Pontificat de *Clément VII*, ne lui laisserent pas non plus le loisir de poursuivre ces grandes entreprises ; mais *Paul III* qui le remplaça, fit éclater sa magnificence pour les embellissemens de Rome, & particuliérement pour la construction de la Basilique, qui avoit été interrompue depuis *Leon X*. *Antoine de St. Gal*, fils de Julien imagina un projet encore plus vaste que celui de Pérusius dont on vient de parler ; il en exposa en public un modele en bois.

Antoine de St. Gal avoit pour associé dans cette entreprise, *Laurent Florentin*, appellé communément *Laurenzet* ; mais celui-ci mourut en 1541, & St. Gal en 1546. *Paul III* ne voulant pas que l'ouvrage fût interrompu par la mort de ces deux Artistes, choisit enfin *Michel-Ange Bonarota*, qui ne s'en chargea qu'avec beaucoup de difficulté n'approuvant point les dessins, les modeles, ni les idées des deux Architectes précédens ; parce qu'il les trouvoit contraires aux regles de la belle Architecture, d'un goût gothique, d'une exécution trop longue, & d'une dépense immense, & prétendoit qu'on pouvoit faire un Temple beaucoup plus régulier, sans trop s'écarter des premiers projets de Bramante ; ce qu'il prouva en faisant un modele moins étendu, mais d'une forme plus agréable, & d'un meilleur choix pour les ornemens. *Paul III* fut si satisfait du nouveau modele, qu'il accorda à Michel-Ange la direction entiere de ce monument, le pouvoir d'élever ou d'abattre ce qu'il jugeroit à propos, & la faculté d'employer tel nombre d'Ouvriers qu'il croiroit nécessaire : mais à peine cet excellent Artiste eut-il fait travailler trois années de suite à ce monument, que *Paul III* mourut en 1549.

Jules III lui ayant succédé, Michel-Ange fut exposé à l'envie qu'entraîne après soi le vrai mérite. Cependant le nouveau Pontife connoissant ses talens supérieurs, le continua dans l'emploi dont *Paul III* l'avoit honoré; ce qui dura peu, *Jules* étant mort peu de temps après. *Marcel II*, qui vint ensuite, eut un regne encore plus court. *Paul IV* parvint après lui au Pontificat. Michel Ange eut encore de nouvelles tracasseries à essuyer; mais, en homme de génie, il parvint à les surmonter : il méditoit depuis long-tems la construction du dôme qu'on voit aujourd'hui; il en fit faire un modele, & son projet fut universellement approuvé; mais la mort du Pape, arrivée en 1559, en retarda encore l'exécution.

Pie IV, qui parvint au Pontificat la même année, témoigna à Michel-Ange beaucoup d'affection, & renouvella les Brefs de *Paul III*, de *Jules III* & de *Paul IV* en sa faveur. Il y avoit dix-sept ans qu'il travailloit à cet Ouvrage célebre, lorsque la calomnie chercha encore à le déprimer : en sorte que, quoique le Pontife lui rendît justice & punît sévérement ses ennemis, les travaux pénibles, les chagrins qu'il essuya hâterent la fin de ses jours. Il mourut le 17 Février 1564. *Pie IV*, pénétré de cette perte, tâcha de la réparer, en nommant à sa place *Piétro Ligorio*, à qui il associa *Jacques Barrozzio*, plus connu sous le nom de *Vignole*, en leur récommandant de ne se point écarter des dessins de Michel-Ange; ce qui fut renouvellé par *Pie V*, qui, s'étant apperçu que Ligorio vouloit innover, fit abattre ce qu'il avoit fait, & commit à Vignole seul la direction de cet édifice. Celui-ci y travailla neuf ans, & s'attacha plus aux parties extérieures du Temple, qu'à la construction du grand dôme.

Pie V, que les armemens de *Selim*, Empereur des Turcs, alarmoient, songea uniquement à détruire les projets de l'ennemi des Chrétiens; & pendant son Pontificat, qui fut de six années, il négligea la construction de l'Eglise du Vatican.

Grégoire XIII, Souverain Pontife, nomma *Jacques de la Porte*, Disciple de Vignole, à cette nouvelle direction. Ce qui étoit fait de l'Eglise, fut enfin couvert & embelli de chapelles, de plusieurs riches ornemens & de peinture; mais le grand dôme n'étoit point fini. Il étoit réservé à *Sixte-Quint* de surpasser dans cinq ans de son regne la magnificence des *Césars*. En effet, il fit travailler nuit & jour six cens Ouvriers, pendant l'espace de vingt-deux mois,

& ce dôme fut entiérement construit en 1590. On le revêtit de plomb qu'on orna de côtes de métal dorées sous *Urbain VII*; & la lanterne composée par Michel-Ange, fut exécutée & perfectionnée par Jacques de la Porte, sous *Clément VIII. Paul V*, sur les dessins de *Charles Madérus*, fit alonger l'Eglise & construire le portail avec les portiques, tels que les avoit projetté Michel-Ange. Tous ces ouvrages furent achevés en 1614. Les Successeurs de ce Pontife, *Urbain VIII*, *Innocent X*, *Alexandre VII* & plusieurs autres, ont enrichi ce Temple de chapelles, de sculptures, d'autels, de tombeaux, & autres embellissemens, sur les dessins des plus fameux Architectes Italiens; ce qui rend aujourd'hui Saint Pierre de Rome le monument le plus renommé de la Chrétienté.

Ce fut *Alexandre VII* qui fit construire, sur les dessins du Cavalier *Bernini*, cette place entourée de la superbe colonnade, où l'on voit au milieu cet *Obélisque* que fit dresser *Sixte V*, & par où on arrive à l'Eglise de Saint Pierre & au Palais du Vatican, qui a été également perfectionné & enrichi par ce Pontife & ses Successeurs. En un mot, depuis plus de 250 ans on n'a pas discontinué de travailler à cette Eglise, à embellir & à décorer ses avenues.

Voici les principales mesures de ce monument: la longueur de l'Eglise est de cent deux toises & demie, & de vingt-deux toises & demie de hauteur sous clef; la largeur de la nef est de treize toises & demie; la largeur du frontispice est de cinquante neuf toises deux pieds; hors œuvre, la hauteur est de soixante-sept toises deux pieds, depuis le sol & compris la croix placée sur le dôme, hauteur double des tours de Notre-Dame de Paris; les colonnes du frontispice sont de huit pieds deux pouces de diametre, & ceux de la place de quatre pieds deux pouces.

Le Christianisme prit faveur en Angleterre vers le sixieme siecle: on convertit le Temple de Diane en Cathédrale; le Paganisme triompha encore quelques années, & ce ne fut véritablement qu'en 675 que la vraie Religion prévalut d'une maniere constante, & que *Erkinvral*, quatrieme Evêque de *Londres*, employa des sommes immenses à embellir cette premiere Cathédrale, que le feu réduisit en cendre sous *Guillaume-le-Conquérant*. *Maurice*, dixieme Evêque en 1221, entreprit d'en reconstruire une autre sur les mêmes fondations; la charpente de celle-ci & les murs du clocher furent encore brûlés. Dans la suite on se mit en devoir de réparer ce dommage; mais comme on y travailloit en 1632, toute cette Eglise fut brûlée de nouveau dans l'incendie de Londres.

On

On amassa des sommes considérables, & l'on chargea *Christophe Wren*, Architecte assez renommé, de construire celle qu'on voit aujourd'hui sur les dessins qu'il en avoit donnés. Cet édifice a été élevé au même lieu où étoit le précédent, dans l'espace de trente-cinq ans. Ce monument, digne d'être mis au nombre des plus grands édifices de ce genre, a de longueur dans œuvre, cinq cens pieds; & de largeur dans la croisée, deux cent vingt-trois pieds; le diametre du dôme est de cent huit pieds; la hauteur de l'Eglise jusqu'au dôme est de cent dix pieds, & depuis le dôme jusqu'à la croix trois cent trente pieds; les colonnes du frontispice placées au rez-de-chaussée sont de quatre pieds de diametre; les principales sculptures sont de *Hill*, Sculpteur célebre; & la peinture du dôme, de *James Thormill*, Peintre Anglois du premier mérite.

On blâma *Wren* d'avoir mis deux ordres, l'un Corinthien & l'autre Composite au frontispice de cette Eglise, lui qui avoit reproché à Bramante d'avoir fait un trop petit entablement au frontispice de Saint Pierre de Rome : mais *Wren* prétendit n'être pas repréhensible comme Bramante, par la raison qu'ayant été obligé d'employer la pierre de *Port-land*, il ne lui avoit pas été permis de faire des colonnes qui eussent plus de quatre pieds de diametre, ni des entablemens d'une plus grande élévation; qu'au contraire, Bramante étoit inexcusable, ayant eu à discrétion les Carrieres de *Tivoli*, qui lui permettoient de faire son entablement beaucoup moins foible, devant être élevé sur des colonnes de huit pieds deux pouces de diametre. On blâma encore *Wren* d'avoir fait le dôme de Saint Paul trop considérable par comparaison à la grandeur de toute l'Eglise; de n'avoir pas élevé les voûtes à une hauteur suffisante, & d'avoir péché dans une infinité de parties contre le bon goût de l'Architecture.

Quoi qu'il en soit, on ne peut disconvenir que cet édifice ne présente de belles masses, beaucoup de grandeur & de majesté. Les beautés que l'on remarque dans l'examen des détails, augmentent la satisfaction du spectateur. D'ailleurs, ce monument est relevé par la grille de son enceinte qui en défend l'approche au peuple; convenance louable qu'on devroit imiter dans la disposition de tous nos édifices sacrés.

François I avoit fait venir *Sebastien Serlio* pour construire Fontainebleau; les travaux de cet Artiste exciterent l'émulation des Architectes François; ils oserent lui disputer la gloire de bâtir le

Louvre, & les dessins de *Pierre Lescot* (*a*) mériterent la préférence sur ceux de *Serlio*.

Les François sortirent alors de leur assoupissement, leur imagination prit l'essort : on peut même avancer qu'ils s'éleverent au-dessus des Architectes Italiens. En effet, personne n'ignore que les dessins de *Claude Perault* pour la façade de l'extérieur du Louvre, furent préférés à ceux du Cavalier *Bernin*, appellé à grands frais d'Italie pour cet ouvrage important ; & que *Catherine* & *Marie de Médicis* qui étoient elles-mêmes Italiennes, choisirent *Philibert de Lorme* & *Jacques des Brosses* tous deux Architectes François, l'un pour la construction du palais des Tuileries, l'autre pour celle du Luxembourg. Leur réputation ne fut pas même renfermée dans la seule enceinte de la France ; bientôt l'Espagne, l'Italie même les appella, s'honora de leurs productions & les jugea dignes d'être proposés pour modeles.

Louis de Foix, Parisien, qui, en 1585, donna les dessins du Phare nommé la *Tour de Cordouan*, du nom de l'Empereur qui la construisit originairement, fut appellé en Espagne pour bâtir le vaste palais de l'Ecurial.

Cependant les guerres qui suivirent le regne de *François I* furent de nouveaux obstacles aux progrès des Arts qu'il avoit tirés de l'obscurité où ils languissoient avant lui : & ce ne fut guere que sous *Louis XIV* qu'ils arriverent à la perfection & que l'Architecture en France devint digne d'annoncer à tous les âges la gloire de ce grand Monarque.

Quel vaste champ d'éloges s'ouvriroit ici si nous entreprenions de tracer en détail les chefs-d'œuvre qui se sont élevés sous *Louis-le-Grand* ; ce qu'il a fait pour tous les Arts en général, & pour l'Architecture en particulier ; tous les établissemens qu'il a fondés ; toutes les récompenses qu'il a accordées ; tous les Artistes qu'il a protégés & honorés : si nous voulions particulariser toutes les productions admirables de ceux qui se sont distingués sous ce grand Prince ! Mais nous ne pouvons entrer dans ce détail inépuisable ; contentons-nous seulement de rappeller les noms des *Mansards*, des *le Veaux*, des *Perault*, des *François Blondel*, des *Philibert de Lorme*, des *Des-*

[*a*] Pierre Lescot, Abbé de Clagny, naquit à Paris en 1518, d'une famille qui s'étoit distinguée dans la Robe : sur ses dessins furent construits une partie de la façade de l'intérieur du Louvre, la salle des antiques & la fontaine des SS. Innocens. Il mourut en 1578.

Broſſes, des *le Mercier*, & de donner une légere notice de leurs principaux ouvrages.

François Manſard, le plus célebre Architecte que la France ait poſſédé, étoit de famille originaire de Rome, mais établie en France depuis près de huit cens ans; il naquit à Paris en 1589, & vécut ſoixante-huit ans. Nous avons de lui le portail des Feuillans, ſon coup d'eſſai, le château neuf de Blois, le château de Maiſons, les Filles de Sainte-Marie, rue S. Antoine, le portail des Minimes, l'hôtel de Carnavalet, l'Egliſe du Val-de-Grace, & une infinité d'autres monumens qui ont ſervi de modeles aux Architectes François qui vivoient de ſon temps & qui ont vécu après lui.

Nous avons eu auſſi le neveu de ce célèbre Artiſte connu ſous le nom de *Jules Hardouin Manſard*, qui a été Ordonnateur-Général des Bâtimens, Jardins, Arts & Manufactures de Sa Majeſté. Il naquit à Paris en 1645, & mourut en 1708. Nous avons de lui le château de Clagni, qui fut ſon premier ouvrage; il fut démoli en 1770. On pouvoit regarder ce château comme le premier édifice où l'on ait pris ſoin de raſſembler les commodités de la diſtribution Françoiſe avec la ſymmétrie de la décoration que nous tenons des Grecs. Les jardins & le château de Marly ſont auſſi de ce fameux Architecte, ainſi que l'Orangerie & la façade du château de Verſailles, du côté des jardins; celui de Trianon, la place de Vendôme, celle des Victoires, le dôme des Invalides, & une infinité d'autres édifices qui font honneur à ſon ſiecle.

Quoiqu'il ſoit regardé comme fort au-deſſous de François Manſard, ſon oncle, pour la ſévérité des regles de l'Art, on ne peut lui refuſer un goût exquis, du génie, de l'invention, & l'aſſemblage de toutes les connoiſſances de l'Architecture : malgré la critique, tous les édifices de ſa façon ſont preſqu'autant de chefs-d'œuvre. Il fut honoré de la confiance de *Louis XIV*, qui le récompenſa en Monarque.

Louis le Veaux, premier Architecte du Roi, eut la direction du bâtiment du Louvre depuis 1670; il donna les deſſins d'une partie des bâtimens des Tuileries, fit élever le château neuf de Vincennes, celui de Veau-le-Vicomte, l'hôtel de Lambert, l'hôtel de Colbert, & pluſieurs autres. Les productions de cet Architecte ſont ſimples & nobles, quelquefois giganteſques & s'accordant preſque toujours mal avec la diſtribution des dedans, l'art de la diſtribution n'ayant été trouvé qu'après cet Artiſte.

Claude Perault de l'Académie Royale des Sciences, Architecte célebre, né à Paris en 1613, est mort en 1688. Il a conduit & donné les dessins du péristile du Louvre & de l'Arc-de-triomphe du Trône qui a été exécuté en plâtre pour en voir l'effet ; l'Observatoire de Paris, la Chapelle de Sceaux & celle de Notre-Dame de Navone, dans l'Eglise des Petits-Peres, près la Place des Victoires : il a donné une traduction de Vitruve ; un Traité des cinq especes d'ordonnances de colonne selon la méthode des Anciens, ouvrage immortel qui n'a pas peu contribué à illustrer le regne de *Louis XIV*, & à assurer aux Architectes François, le droit de prééminence sur tous les Architectes des autres Nations.

François Blondel, de l'Académie Royale des Sciences, Maréchal des Camps & Armées du Roi, Professeur de Mathématiques de Monseigneur le Dauphin, fut un Architecte du premier ordre. Nous avons de lui la Porte St. Denis, la restauration de celles de St. Antoine & de St. Bernard ; & un excellent Traité d'Architecture, qu'il dictoit aux Eleves de l'Académie dont il étoit Professeur.

Philibert de Lorme naquit à Lyon, au commencement du seizieme siecle, il fut Aumônier & Conseiller du Roi. En récompense de ses talens, on lui donna plusieurs Abbayes, quoiqu'il ne fût que tonsuré. Il a construit le Château d'Anet, quelques Edifices à Fontainebleau, le Palais des Tuileries, dont cet Architecte fut nommé Gouverneur.

Jacques des Brosses, Architecte renommé au commencement du dix-septieme siecle, a bâti le Portail de l'Eglise de St. Gervais, le Palais du Luxembourg ; sous les ordres de Marie de Médicis ; l'Acqueduc d'Arcueil, le Château de Colomiers, qui a été démoli il y a environ quinze ans. On admire dans ces ouvrages la solidité & l'ordonnance de la bonne Architecture & un caractere de fierté, de fermeté auquel peu d'Architectes ont atteint dans leurs productions.

Jacques Lemercier, habile Architecte du dix-septieme siecle, a bâti le Palais Royal tel qu'il étoit ci-devant, & l'Eglise de la Sorbonne. L'ordonnace de ce dernier monument est de beaucoup supérieur à l'ancienne décoration du Palais Royal ; cela donne à connoître que cet Architecte entendoit mieux la décoration des Eglises, que celle des Bâtimens destinés à l'habitation.

L'Académie Royale d'Architecture, composée de trente Académiciens, y compris deux Professeurs, l'un d'Architecture, & l'autre de Mathématiques, tient ses séances, tous les Lundis, au Louvre ; elle a été établie par *Louis XIV* en 1671, dirigée par les soins de

M. Colbert, & autorisée par Lettres-Patentes de *Louis XV*, en 1717.

Le siecle de *Louis XV* n'est pas moins recommandable par les édifices élevés de nos jours. En 1717, fut construit sur les dessins du Chevalier Servandoni le Frontispice de la principale entrée de l'Eglise de St. Sulpice, un des plus grands portails d'Eglise qu'il y ait en France, & à qui il ne manque qu'une place, pour qu'on en puisse voir toutes les beautés.

Jean Servandoni, Chevalier de l'Ordre de Christ, né à Florence le 2 Mai 1695, fut Eleve de *Jean-Paul Pasini*, pour la Peinture, & de *Jean-Joseph de Rossi*, pour l'Architecture. Entre les Bâtimens que nous avons de cet Artiste, nous citerons l'Eglise Paroissiale de Coulanges eu Bourgogne, le grand Autel de la Métropolitaine de Sens, celui des Chartreux de Lyon, l'Escalier ingénieux de l'Hôtel d'Auvergne à Paris. Ses talens supérieurs pour la décoration des Théâtres l'ont fait appeller dans différentes parties de l'Europe pour y exercer cet Art. On se rappelle toujours avec plaisir les spectacles admirables qu'il a donnés à Paris, dans la Salle des Machines aux Tuileries. Ce grand Artiste est mort à Paris en 1767, universellement regretté.

La Ville de Paris fit construire sur les dessins d'*Edme Bouchardon*, Sculpteur célebre, la Fontaine de la rue de Grenelle, également remarquable par la belle exécution de son architecture, & par l'excellence de sa sculpture.

Germain Boffrand, né à Nantes en Bretagne, le 7 Mai 1667, mort à Paris, le 18 Mars 1755, fut Eleve de Hardouin Mansard. Nous avons de cet Architecte célebre, plusieurs édifices considérables, en Allemagne & en Lorraine. C'est lui qui a bâti à Paris, l'Hôpital des Enfans-trouvés, les Hôtels de Montmorency & d'Argenson; il a fait les décorations de l'Hôtel de Soubise, les portes du petit Luxembourg, de l'Hôtel de Villars, le portail de la Mercy, le puits de Bicêtre, les ponts de Sens & de Montreau.

Un des bâtimens qui fait le plus d'honneur à ce siecle, est l'Ecole Royale Militaire & le Champ de Mars, construits sur les dessins de *M. Gabriel*, premier Architecte du Roi, pour l'éducation de la jeune Noblesse qu'on y éleve dans l'étude des Sciences relatives à l'art de la guerre; établissement propre à immortaliser la mémoire de *Louis XV*.

La Place de *Louis le-bien-aimé* a été construite sur les dessins de *M. Gabriel*, premier Architecte du Roi. Cette Place est décorée de deux édifices de chacun quarante-six toises de face, d'ordonnance Corinthienne, à colonnes solitaires, & élevées sur un soubassement. Cette Place, de cent trente toises de longueur, sur quatre-vingt-dix de largeur, est entourée de fossés & doubles balustrades.

Le pont de Neuilly, dont la ligne capitale enfile le milieu de la grande allée des Champs Elisées, & celle du jardin des Tuileries, a été élevé sur les dessins & sous la conduite de M. *Peronnet*, Architecte du Roi, & premier Ingénieur des ponts & chaussées. Ce pont doit être mis au nombre des ouvrages les plus célebres de ce genre.

Les nouvelles Eglises de Sainte Genevieve, par M. *Soufflot*, & de la Magdeleine, par M. *Contant*, suffisent pour faire connoître les grands talens de ces deux Artistes.

La Halle au bled, que la Ville a fait ériger sur les dessins de M. *le Camus de Mezieres*, est un édifice intéressant & remarquable par sa forme circulaire, & par la régularité de son appareil.

L'Opera a été construit sur les dessins de M. *Moreau*, Architecte du Roi & Ordonnateur des bâtimens de la Ville; il a aussi donné les dessins des nouveaux bâtimens du Palais Royal, du côté de la place; ceux du côté de la cour en face des jardins, le grand escalier: la restauration & la décoration de l'intérieur des appartemens ont été exécutés sur les dessins de M. *Contant*, Architecte du Roi & Contrôleur des Invalides.

L'on a construit, au Château de Versailles, une magnifique salle de spectacles sur les dessins & la conduite de MM. *Gabriel* & *de Wailly*, tous deux Architectes du Roi.

L'Hôtel des Monnoies, qui fait l'ornement d'un des plus beaux quais, vient d'être construit sur les dessins de M. *Antoine*, Architecte Expert. Cet édifice offre, dans son intérieur, toutes les commodités nécessaires à sa destination.

On voit, dans l'Hôtel de M. le Duc de Choiseul, une galerie peinte par *la Fosse*, & décorée dans un excellent genre, sur les dessins de feu *Jacques François Blondel*, Architecte du Roi & Professeur de son Académie.

L'Hôtel de M. *le Comte de S. Florentin*, a été nouvellement bâti sur les dessins de M. *Challegrin*,

Les Hôtels de Nivernois & d'Usès s'attirent également les suffrages des Connoisseurs, par le génie & l'intelligence de leurs Architectes, MM. *Peyre* & *le Doux*.

L'Hôtel de Tessé, sur le quai des Théatins, par M. *Roussette*, Architecte du Roi, se fait remarquer par la régularité de la façade,

& par la pureté des profils qui donnent à connoître les talens supérieurs de cet Artiste.

De la Capitale de la France, le goût des beaux Arts s'est répandu dans les principales Villes de nos Provinces, au point que l'intérieur de ces Villes semble avoir changé de face, sous le Regne de *Louis XIV* : quelques années après sa mort, on avoit déja construit plusieurs Places publiques, où l'on avoit élevé sa Statue; une à Lyon en 1713, une à Montpellier en 1718, une à Dijon en 1725, une à Rennes en 1726. Les Statues élevées dans ces quatre Villes, sont Equestres, modelées & jettées en bronze, à Lyon par *Desjardins* & les Freres *Coustou*; à Montpellier, par *Mazeline* & *Utrels*; à Dijon, par le *Hongre*; & à Rennes, par *Coysevox*.

Sous le Regne de *Louis XV*, d'autres Places publiques, non moins magnifiques, furent consacrées à la gloire de ce Monarque, une à Valenciennes en 1742, une à Bordeaux en 1743, une à Rennes en 1744, une à Nancy en 1755, une à Reims en 1761. Dans toutes ces Villes, ces Monumens ont occasioné la construction ou la restauration de plusieurs Edifices; des alignemens, des quais, des Portes de Villes, des Intendances, des Bourses, des Jurisdictions, des Promenades qui se réunissant aux Grands-chemins qui communiquent d'une Province à l'autre, rendent agréables toutes les Routes qui conduisent à la Capitale.

Les noms des Architectes & des Sculpteurs qui ont exécuté ces monumens célébres, sont, à Bordeaux, M. *Gabriel*, premier Architecte du Roi, & M. *Lemoine*; la Statue est de bronze & équestre : à Valenciennes, M. *Salli*, de l'Académie de Peinture & de Sculpture; la Statue est de marbre, & pédestre : à Rennes, MM. *Gabriel* & *Lemoine*; la Statue est de bronze & pédestre : à Nancy, M. *Heré*; de Corny, Architecte du *Roi de Pologne*, & M. *Guibot*; la Statue est de bronze & pédestre : à Reims, feu M. le *Gendre*, Inspecteur des Ponts & Chaussées & M. *Pigalle*; la Statue est de bronze & pédestre.

La ville de Metz, anciennement embellie sous le gouvernement de M. le Maréchal de Belle-isle, a fait ériger de nouveaux bâtimens d'utilité & de magnificence, sous celui de M. le Maréchal Duc d'Estrées. On vient d'ordonner, sous l'administration de M. le *Duc de Choiseul*, de nouvelles communications, une Maison de force, des Places, un Magasin militaire, un Hôtel de-ville, un nouveau Portail & des embellissemens pour la Cathédrale. On vient encore de désigner l'emplacement du Parlement de cette ville, celui du Palais Episcopal, celui d'une Abbaye Royale pour les Dames de

St. Louis: tous ces bâtimens ont été faits ſur les deſſins de feu M. *Blondel*: pluſieurs de ces projets font partie du ſecond volume de ſon Cours d'Architecture.

La ville de Rouen, qui, en 1759, fit jetter les fondemens d'un Hôtel-de-ville, accompagné d'une place, du deſſin de feu M. le *Carpentier*, Architecte du Roi: Les plans, coupes & élévations ſe vendent à Paris, rue St Jacques, chez Hainaut & Rappilly, Marchands d'Eſtampes.

La ville de Strasbourg fait bâtir pluſieurs corps de Cazernes pour contenir huit bataillons & huit eſcadrons, une Place d'armes, un Sénat pour les Magiſtrats, une Salle de Spectacles: une partie de ces grands travaux ſont exécutés & s'exécutent ſur les deſſins de feu M. *Blondel*.

La ville de Cambrai fait des établiſſemens dans ſon intérieur, tels que des Places nouvelles, le redreſſement de la plupart des rues, des Portes, des Marchés, & des Promenades. Feu M. de Choiſeul, Archevêque de Cambrai, ayant choiſi feu M. *Blondel*, pour bâtir ſon Palais Archiépiſcopal, l'a auſſi chargé de faire des projets pour les Travaux que l'on deſire faire dans cette ville. On trouvera ces différens Projets dans ſon ſecond Volume.

Enfin, la ville de Châlons vient de faire conſtruire un Hôtel-de-ville, ſur les deſſins de M. *Durant*, Architecte: les plans & les élévations ſon gravés, & ſe vendent chez la Gardette, Porte St. Jacques.

Après avoir parcouru les différens âges de l'Architecture, nous allons entrer dans le détail des Planches qui ſont contenues dans cette troiſieme partie.

La premiere Planche repréſente les eſpacemens des colonnes de l'ordre Toſcan, qu'on nomme Entrecolonnement.

L'eſpace qu'il y a de l'axe d'une colonne à l'autre, eſt fixé à ſept modules (*a*) dans cet exemple (*b*).

(a) *Remarque générale pour les cotes ſur les Planches.* Comme il ne ſe trouve pas toujours aſſez de place pour écrire, *module* & *partie*, on trouvera 7 *m.* qui ſignifient *ſept modules*: ou bien, on ſe contentera de mettre un point en bas comme ceci 2. qui ſignifie 2 *modules*. Quant aux parties, on mettra un *p.* ou deux points comme ceci 4 *p.* ou 4: qui ſignifie 4 *parties*, ainſi du reſte. Comme il ſe trouvera des planches cotées par modules & parties, & qu'il y aura auſſi des

Ainſi,

A
3
F
5
1. 10.
G
2
D
C
2. 11.
a
b
e
f
c
d
7 m.
14 m
Entrecolonnement
de l'Ordre Toscan

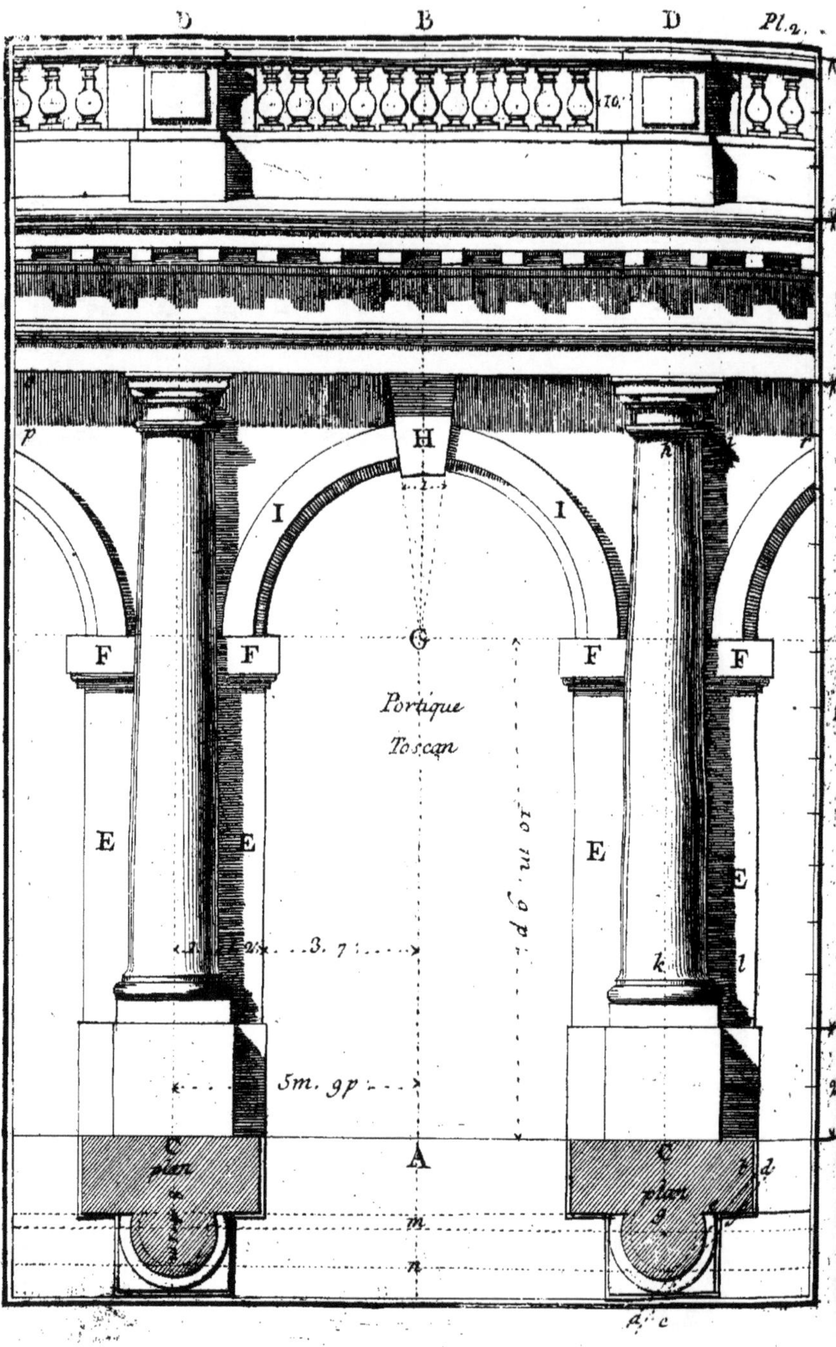
D
B
D
H
I
I
F
F
G
F
F
Portique
Toscan
E
E
E
E
10 m. 9 p.
3. 7
5m. 9p
C
plan
A
C
plan
m
n

Ainsi, lorsqu'on aura une hauteur déterminée, depuis le sol B, jusqu'à l'extrémité A, dont on voudra faire des entre-colonnemens de l'ordre Toscan, posé sur un socle, couronné d'un entablement, & surmonté d'une balustrade, il faut diviser cette hauteur en 20 parties égales, en prendre 2 pour le socle C, 12 pour la colonne D, 3 pour l'entablement E, & 3 autres portions restantes pour la balustrade F. Cela posé, il faut diviser les 12 portions de la colonne D, en 14 parties égales, dont l'une de ces parties sera le module de l'ordre : puis vous espacerez vos colonnes, comme elles sont cotées sur la figure ; c'est-à-dire, 7 modules d'axe en axe. Quant au détail de la base, du chapiteau & de l'entablement, *vous trouverez les mesures cotées sur les planches* 4e & 5e *de notre premiere Partie.* Pour le fût des colonnes, *voyez ce qui a été dit*, *pag.* 25 *de notre premiere Partie.* Autrement, quand on dessine en petit, on se contente de faire passer une courbe de chaque côté de l'axe, par trois points qui sont les extrémités des trois diametres supérieur *a b*, inférieur *c d*, & intermédiaire *e f.* Ce dernier se trouve au tiers inférieur du fût, & égal au diametre inférieur de la colonne. Les modillons placés dans la corniche, se trouvent espacés conformément aux mesures cotées sur la *planche* 5 *de notre premiere Partie.* Au-dessus de chaque colonne, dans la balustrade, est un avant-corps que l'on nomme piedestal de la balustrade, enrichi d'une table saillante. La largeur de cet avant-corps est moyenne proportionnelle arithmétique, entre le diametre supérieur & le diametre inférieur de la colonne ; c'est-à-dire, 1 module 10 parties ; le socle sur lequel il est posé est égal au diametre inférieur de la colonne, c'est-à-dire, 2 modules.

Ces piedestaux servent à former chaque travée de la balustrade ; ces travées contiennent deux acroteres G, & un certain nombre de balustres, à raison de la largeur de chaque travée. L'espacement des balustres doit se regler ainsi : il faut laisser de vuide entre la panse de chaque balustre, au plus les $\frac{2}{3}$ de la

pieds & des pouces, on les marquera comme ceci, *6 pi. 3 po.* ou bien 6. 3°. Il est aisé de sentir la différence de coter les modules & leurs parties, d'avec la maniere de coter les pieds & les pouces, qu'il est important de bien entendre, afin de ne point se méprendre.

(*b*) Cet entre-colonnement est regardé ici comme le plus étroit que l'on doive faire dans cet ordre.

largeur du col, & au moins $\frac{1}{3}$: par ce principe, il sera aisé de déterminer la quantité de balustres que chaque travée doit contenir. Il faut faire en sorte, dans la distribution des balustres, de mettre nombre impair, s'il est possible.

Comme les balustres n'ont ici qu'un module $\frac{1}{2}$ de hauteur, & que le balustre Toscan, ainsi que ceux des autres ordres, est égal au diametre inférieur de son ordre, ou à 2 modules, nous allons donner une maniere générale pour faire des balustres proportionnés aux mesures cotées des différens balustres de notre premiere partie.

Supposons une hauteur quelconque pour faire des balustres; divisez cette hauteur en 2 parties égales, l'une de ces deux parties sera le module du balustre que vous diviserez en 12 portions que l'on nomme parties, pour le balustre Toscan & Dorique, & en 18 parties égales, pour le balustre des ordres Ionique, Corinthien & Composite : ensuite vous agirez, avec cette nouvelle échelle, selon les mesures cotées pour les différens balustres, *pl.* 5ᵉ, 8ᵉ, 10ᵉ & 13ᵉ *de notre premiere Partie :* cette nouvelle échelle servira aussi à proportionner les moulures de la tablette pour la balustrade.

Quant à la théorie des ombres pour cet exemple, il suffit de voir ce qui a été dit dans notre *premiere Partie*, *pag.* 10, 11, 12 & 14, avec cette différence, que lorsqu'on dessine en petit, on se contente de mettre les moulures rondes & sinueuses dans la demi-teinte. Il est aisé de remarquer dans le plan au bas, que les colonnes sont isolées de toute part.

La Planche deuxieme représente un portique d'Ordre Toscan.

Il faut opérer comme ci-devant : diviser la hauteur, depuis le sol jusqu'au dessus de la balustrade, en 20 parties égales ; en prendre 2 pour le socle, 12 pour la colonne, 3 pour l'entablement, & les 3 parties restantes, pour la balustrade. On divise ensuite les 12 parties de la colonne en 14, & l'une de ces parties est le module de l'ordre.

Pour avoir les axes C D des colonnes, il faut porter depuis l'axe A B, 5 modules 9 parties de chaque côté; ensuite vous formerez la colonne, l'entablement & la balustrade, *comme il a eté dit ci-devant*. Il ne nous reste plus qu'à former la porte, qui a donné le nom de Portique à cet exemple. Elle aura de hauteur le double de sa largeur : pour cette effet, il faut porter de chaque côté de l'axe AB, 3 modules 7 parties. Les pieds-droits E auront chacun 1 module 2 parties de large, le dessus des impostes F sera élevé sur le sol de 10 modules 9 parties ; le point de section du dessus des impostes avec l'axe A B, donnera le point de centre G, pour décrire l'archivolte I : *voyez les mesures cotées de l'Imposte & de l'Archivolte Toscans, planche 15e de notre premiere Partie* ; la clef H a 1 module de large dans sa partie inférieure, & ses deux côtés tendent au point du centre G : cette regle est générale pour les clefs où les ordres président à la décoration.

Lorsqu'on aura des ouvertures ou des niches à placer dans un entre-colonnement (*a*) Toscan, de telle forme qu'il puisse être, circulaire, anse de panier bombée ou quarrée, & jamais autrement, il ne faut leur donner de hauteur que 2 fois leur largeur au plus ; & au moins 1 fois & $\frac{3}{4}$.

Il est aisé de remarquer dans le plan au bas, que les colonnes sont engagées d'un tiers de leur diametre inférieur, dans le pied-droit qui forme le nud du mur ; ils ne doivent jamais l'être davantage, & au moins d'un quart du même diametre. Cette regle est générale pour toutes les colonnes, quand on prend le parti de les engager, soit pour des raisons de solidité, ou du peu de place que l'on a ; car les colonnes isolées font mieux pour la décoration, que les colonnes engagées.

Pour trouver l'ombre que produisent les colonnes sur les pieds-droits ou le nud du mur, il faut tirer dans le plan les lignes *a b*, *c d*, à 45 dégrés, en sorte que la ligne *a b* fasse tangente à la circonférence de cercle du fût supérieur, & que la ligne *c d*, fasse aussi tangente à la circonférence de cercle du fût inférieur, ce qui donne les points *e* & *f*, sur le nud du mur. Prenez *g e*, portez la de *h* en *i* ; prenez *g f*, portez la de *k* en *l*, tirez *i l*, que vous ferez profiler selon les différentes saillies que vous rencontrerez, comme feroit celle de l'Imposte & de l'Archivolte. On indiquera l'ombre de l'astragale, & de la base de la colonne, comme on le peut voir sur la figure : il en sera de même pour l'ombre portée de l'autre colonne. Pour avoir l'ombre portée par la plate-bande de l'architrave, prenez sur le plan, *m n* : portez la de *o* en *p*, & de *q* en *r* : tirez la ligne *p r*, que vous ferez profiler selon

(*a*) Cet entre-colonnement est ici regardé comme le plus grand que l'on doive faire dans cet ordre.

les saillies qui se rencontreront, comme, par exemple, sur la clef H.

Quant à l'ombre de l'Entablement & de la balustrade, *voyez ce qui a été dit dans notre premiere Partie*, *pag.* 10, 11, 12, 13 & 14.

La Planche troisieme représente l'entre-colonnement de l'ordre Dorique.

La hauteur A B étant déterminée, il la faut diviser comme ci-devant en 20 parties égales ; en prendre 2 pour le socle C, 12 pour la colonne D, 3 pour l'entablement E, & les 3 parties restantes pour la balustrade F. Ensuite divisez les 12 parties de la colonne D, en 16 parties égales, ce qui donnera le module de l'ordre Dorique.

Pour l'espacement des colonnes, on mettra 7 modules $\frac{1}{2}$, d'axe en axe. Cet espace est déterminé par la distribution des triglifes, parce que d'axe en axe de trigliffes, il y a 2 modules $\frac{1}{2}$; il y a 3 espaces, ce qui fait 7 modules $\frac{1}{2}$ pour l'espacement des colonnes (*a*).

Quant aux mesures particulieres des différentes moulures de la base du chapiteau & de l'entablement, *voyez les cotes sur les planches* 6e & 7e *de notre premiere Partie.* Pour le fût de la colonne & la balustrade, il faut se ressouvenir de ce qui a été dit à l'égard du fût Toscan & de la balustrade, *planche premiere de cette Partie*, *page* 25e.

Pour la théorie des ombres, *voyez ce qui a été dit*, *pag.* 15, 16 & 17 *de notre premiere Partie.*

Le plan au bas de chaque colonne fait voir que les colonnes sont isolées de toute part.

La Planche quatrieme représente un portique de l'Ordre Dorique.

L'entre-colonnement de ce portique, est aussi déterminé par l'espacement des trigliffes. Il y a 5 espaces à 2 modules $\frac{1}{2}$ chacun, ce qui fait 12 modules $\frac{1}{2}$ d'axe en axe de chaque colonne, pour le plus grand entre-colonnement Dorique.

Ainsi, il faut porter de chaque côté de l'axe A B, 6 modules,

(*a*) Cet entre-colonnement est ici regardé comme le plus petit que l'on doive faire dans l'ordre Dorique.

A

F

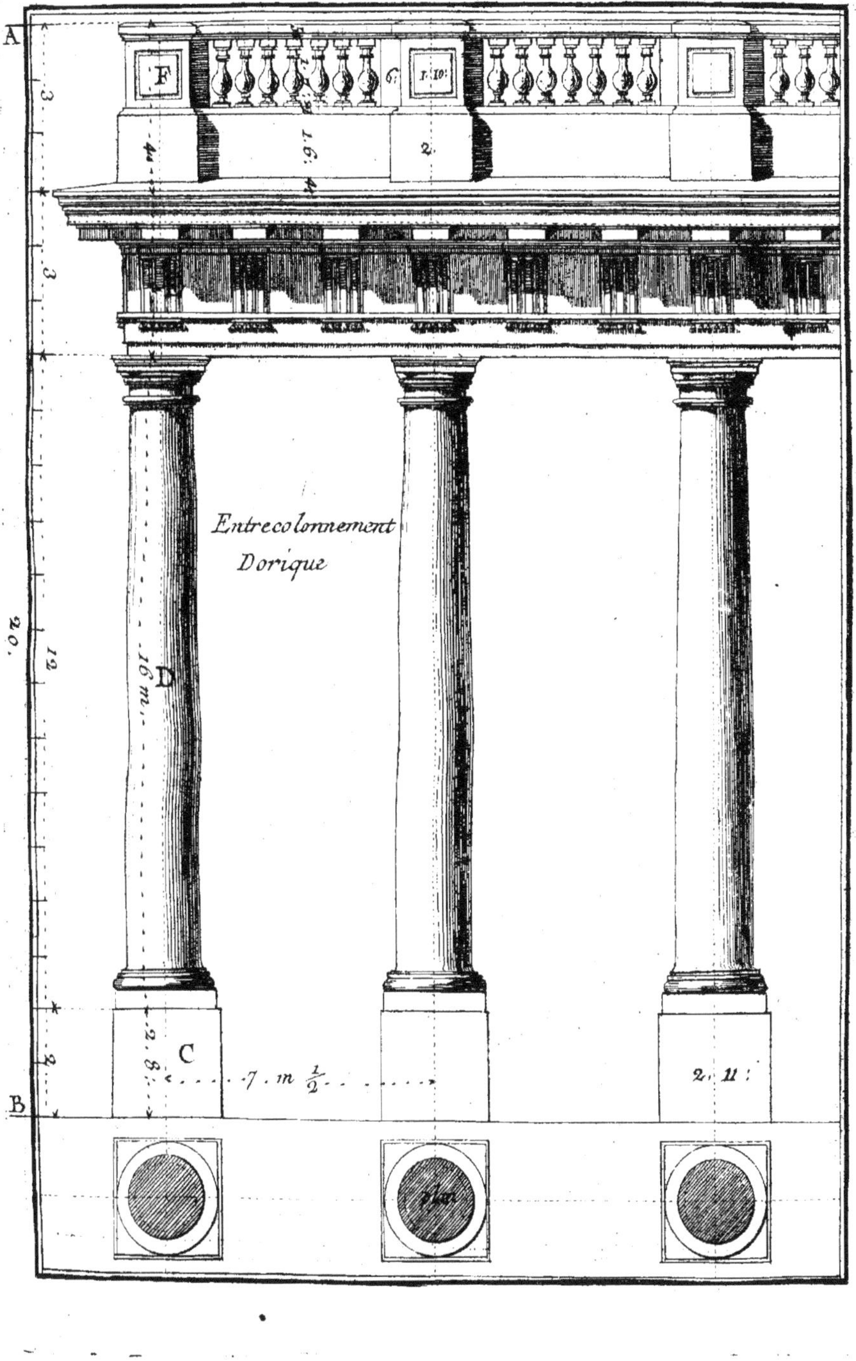

Entrecolonnement
Dorique

D

16 m.

C

7 . m $\frac{1}{2}$

2. 11.

B

Plan

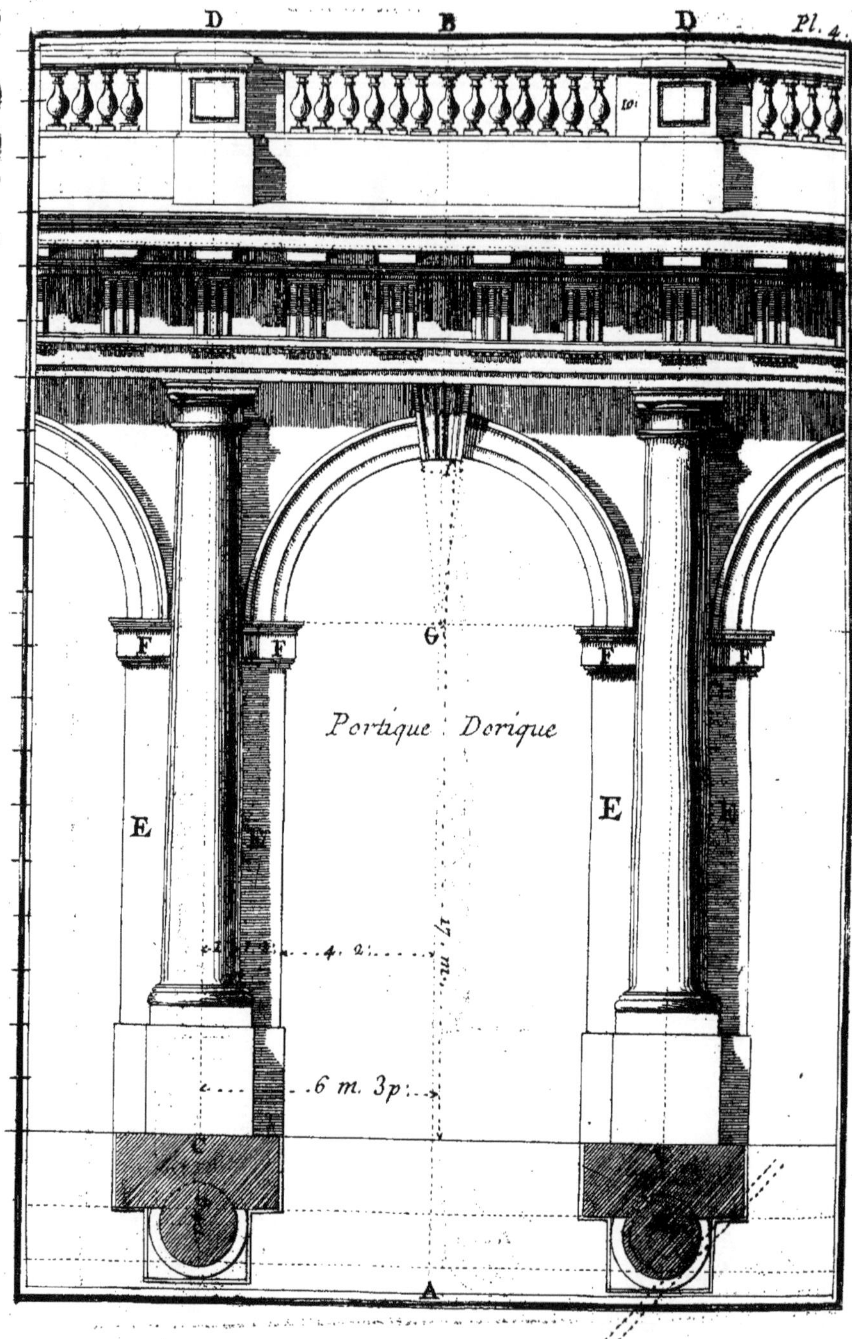
D
B
D
Pl. 4.
F
F
G
F
F
Portique Dorique
E
E
E
E
17 m.
4. 2.
6 m. 3p.
C
A

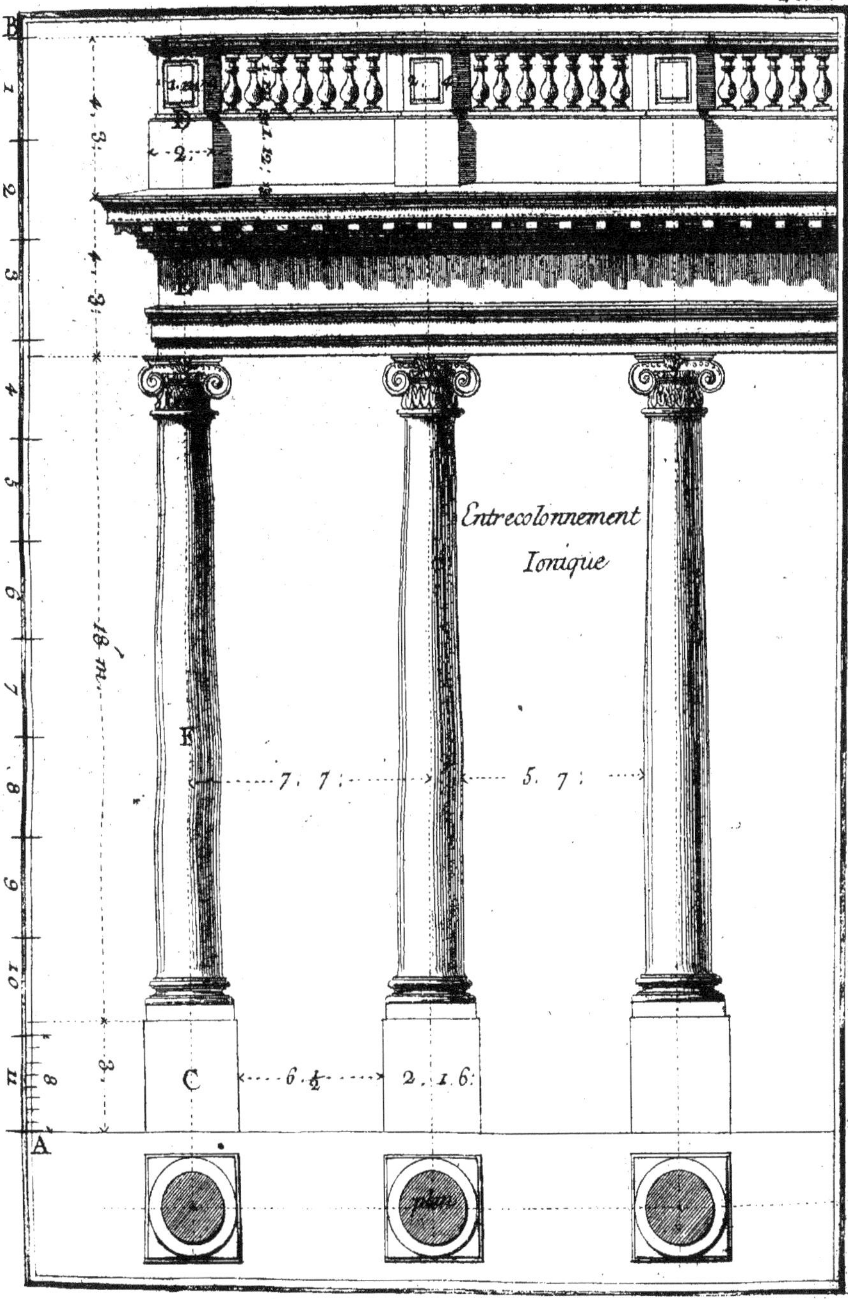
Entrecolonnement
Ionique
plan

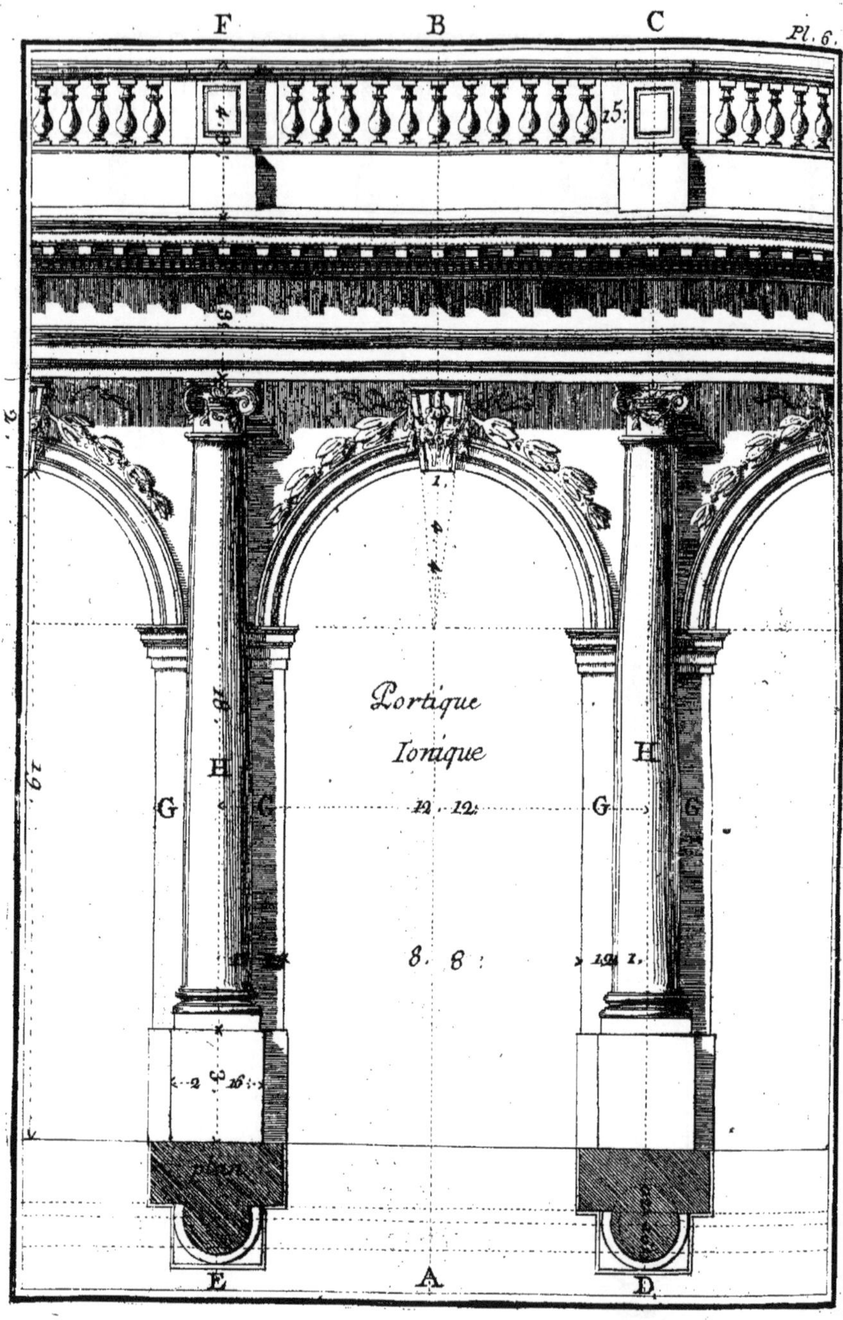
F
B
C
Pl. 6.
Portique
Ionique
H
G
G
H
G
G
plan
E
A
D

3 parties, pour avoir les axes de chaque colonne : on fera les colonnes, l'entablement & la baluſtrade, comme il a été dit ci-devant à la planche 3e de cette Partie. Il ne nous reſte plus qu'à parler de la porte, qui doit avoir au plus, de hauteur 2 fois ſa largeur, plus $\frac{1}{6}$, & au moins 2 fois : cette proportion eſt générale pour toutes les ouvertures quelconques, ou niches qui ſe trouveront placées dans un entre-colonnement Dorique.

La moitié de l'ouverture ſera de 4 modules 2 parties ; les pieds-droits E auront chacun 1 module, 2 parties de large ; le deſſus de l'impoſte F ſera fixé à 17 modules du ſol : la ſection du deſſus de l'impoſte, avec l'axe A B, déterminera le point de centre G, pour décrire l'archivolte : vous trouverez les meſures cotées des impoſte & archivolte Doriques, *planche 15e de notre premiere Partie.*

On trouvera la grandeur des ombres de la même maniere qu'elle a été trouvée au portique de l'ordre Toſcan, *planche deuxieme, p. 27e.*

La Planche cinquieme contient l'entre-colonnement Ionique.

Etant donnée la hauteur A B, trouver l'eſpacement des colonnes Ioniques.

Il faut, 1°. diviſer cette hauteur en 11 parties égales ; 2°. diviſer la 11e partie en 8 autres parties égales ; donner au ſocle C, une 11e partie de la premiere diviſion, plus $\frac{1}{8}$ de cette 11e partie. Pour la baluſtrade D & l'entablement E, vous donnerez 3 parties de la même diviſion, plus un $\frac{1}{8}$ de la 11e partie : le reſte ſera pour la colonne F, compris baſe & chapiteau : vous diviſerez la hauteur de la colonne F, en 18 parties égales ; la 18e partie ſera le module de l'ordre.

Vous porterez d'axe en axe de colonne, 7 modules 7 parties ; ce qui vous donnera l'eſpacement des colonnes, comme il avoit été demandé (*a*). Cet eſpace contiendra 8 modillons, compris ceux ſur les à-plomb des axes des colonnes : *voyez dans la premiere Partie de nos Elémens d'Architecture, la planche qui contient l'entablement modillonnaire & denticulaire.* Quant à la baluſtrade, *il faut ſe reſſouvenir de ce qui a été dit ci-devant à la page 25e.* Pour le

(*a*) Cet entre-colonnement eſt regardé ici comme le plus étroit que l'on puiſſe faire dans cet ordre.

chapiteau, *voyez les chapiteaux antiques & modernes de notre seconde Partie, pl.* 8e, 9e & 10e.

Pour le fût de la colonne, *voyez ce qui a été dit ci-devant à la page* 25e. Pour la base, *voyez la planche* 9e *de notre premiere Partie.* Les plans au bas de chaque colonne font voir qu'elles sont isolées de toute part.

Quant à la distribution des ombres, *voyez ce qui a été dit pag.* 20e *de notre premiere Partie.*

La Planche sixieme nous représente le portique Ionique.

Pour trouver le module de l'ordre, *voyez ce qui a été dit pour l'entre-colonnement du même ordre.* Le module étant trouvé, portez de droite & de gauche de l'axe A B, 6 modules 6 parties, ce qui fera 12 modules 12 parties, pour l'entre-colonnement (*a*) d'axe en axe; & ce qui vous donnera les deux axes C D, E F. Vous formerez les colonnes H, *comme il a été dit ci-devant page*, 29e. Ensuite vous donnerez à chaque pied-droit G, 1 module 2 parties : il restera pour l'ouverture de la porte 8 modules 8 parties. On donnera de hauteur sous l'archivolte, 19 modules. Alors cette porte aura au plus pour hauteur, 2 fois sa largeur, plus $\frac{1}{4}$ (*b*), & au moins 2 fois plus $\frac{1}{6}$. Comme les archivoltes sont plein-cintre, il sera aisé d'en avoir le centre, en prenant du dessous de l'archivolte la moitié de l'ouverture de la porte, c'est-à-dire, 4 modules 4 parties; ce qui fixera le dessus des impostes. Quant aux moulures qui composent les impostes & archivoltes Ioniques, *voyez la* 15e *planche de notre premiere Partie.* A l'égard des ornemens qui enrichissent la clef, *voyez ce qui a été dit des guirlandes dans notre seconde Partie, page* 16e.

Pour distribuer toutes les moulures de l'entablement, *voyez la planche qui contient l'entablement modillonnaire & denticulaire de l'ordre Ionique dans notre premiere Partie.*

Pour la distribution des balustres, *voyez ce qui a été dit ci-devant, page* 25e.

Le plan au bas nous fait voir que les colonnes sont engagées dans le massif des pieds-droits, d'un tiers de leur diametre infé-

---

(*a*) Cet entre-colonnement est regardé ici comme le plus grand que l'on puisse faire pour cet ordre.

(*b*) Cette proportion est, regle générale, pour toutes les ouvertures quelconques, placées dans un entre-colonnement Ionique.

Pl 7.

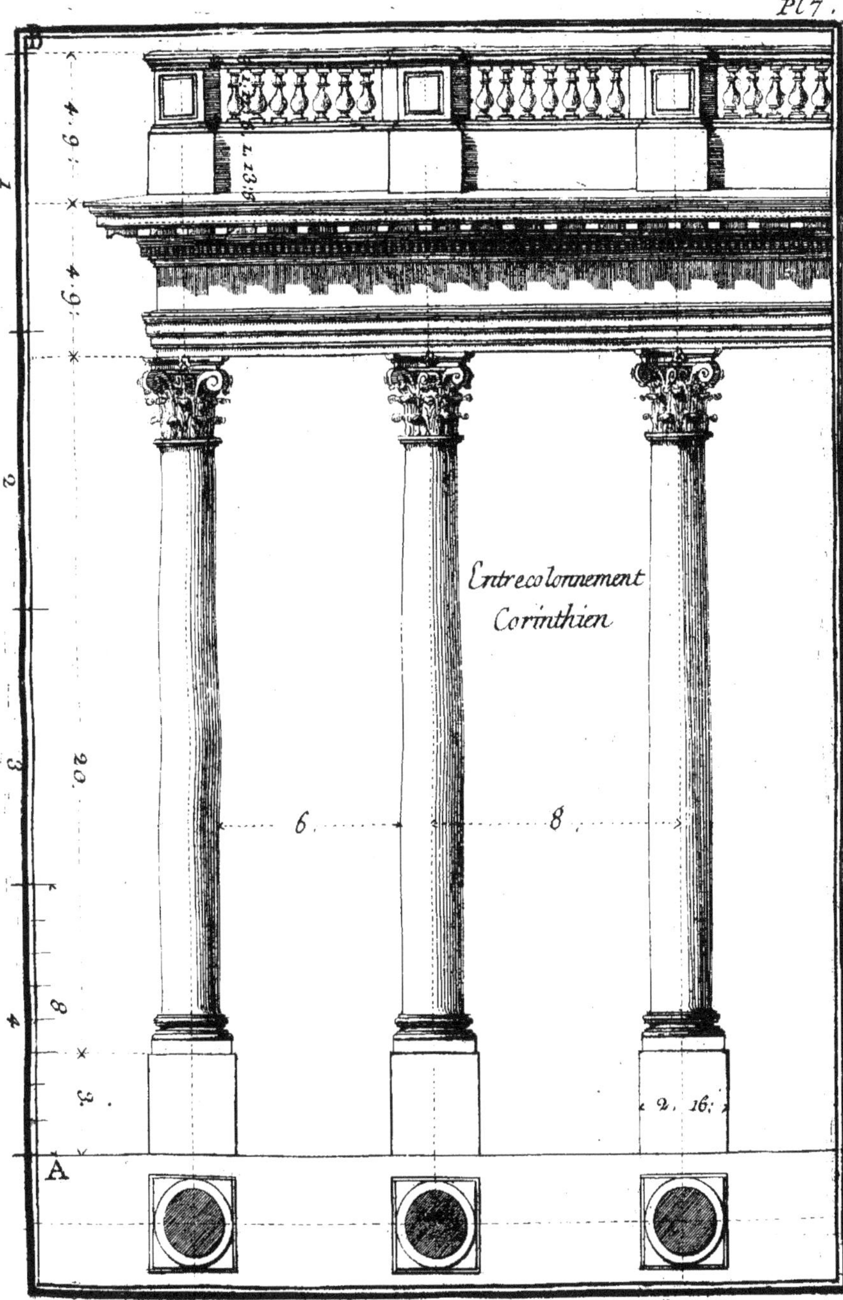

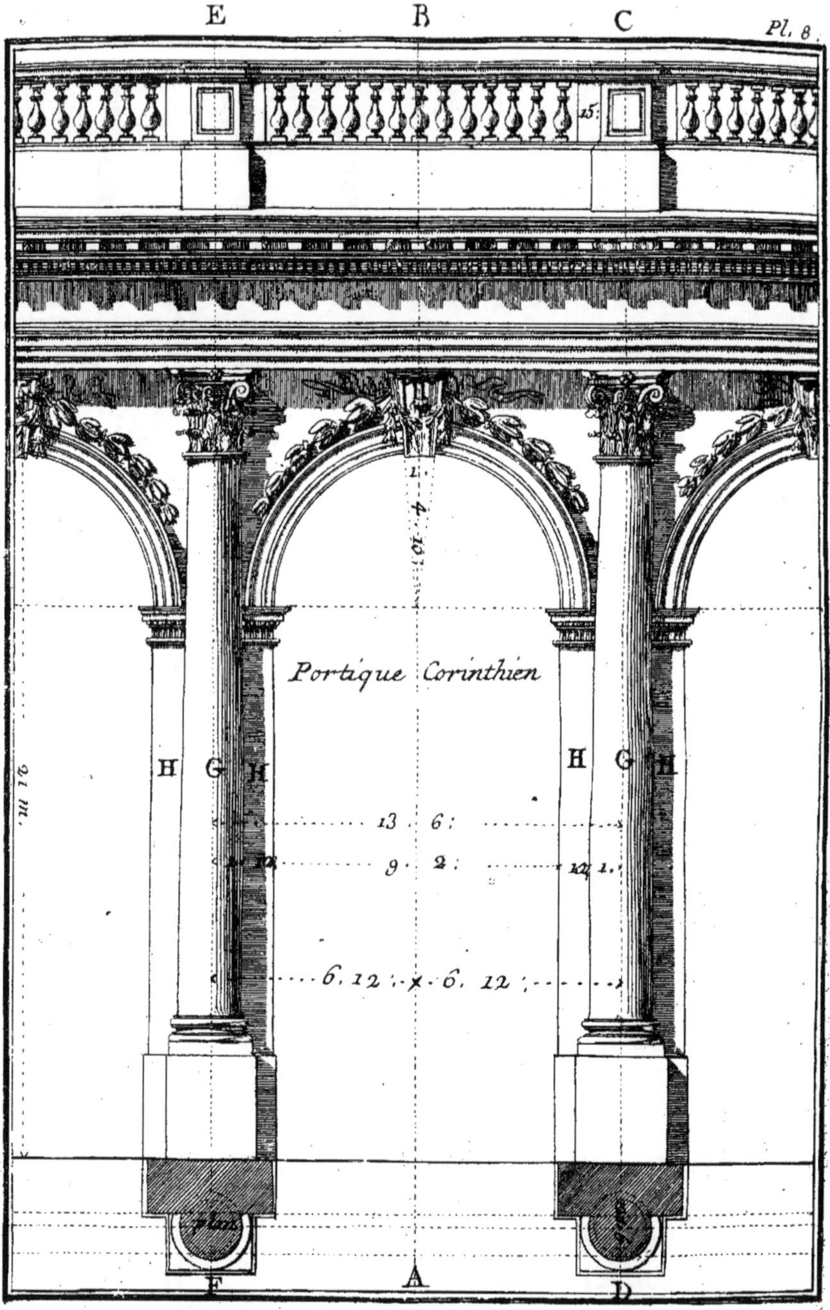

Pl. 8

E B C

15

1 4 10

Portique Corinthien

H G H H G H

21 m.

13 . 6 :

9 . 2 :

6 . 12 . 6 . 12

plan

F A D

rieur ; elles ne doivent jamais l'être davantage, ni de moins d'un quart du même diametre. Quant à la distribution des ombres, *voyez ce qui a été dit ci-devant, page 27*ᵉ.

La Planche septieme nous fait voir l'entre-colonnement Corinthien.

Pour parvenir à espacer ces colonnes comme il convient, il faut, 1°. diviser la hauteur A B, en quatre parties égales : 2°. diviser la 4ᵉ partie de A B, en 8 parties égales ; la 8ᵉ partie sera le module de l'ordre.

Portez d'axe en axe de chaque colonne 8 modules. Après que les colonnes seront formées, comme il a été dit ci-devant *à la page 25*ᵉ, vous aurez du nud de chaque colonne à leurs parties inférieures, 6 modules pour l'entre-colonnement (*a*). Il y aura 7 modillons dans l'espacement des colonnes, compris ceux sur les axes des colonnes. *Voyez l'espacement des modillons Corinthiens, planche 13*ᵉ, *ainsi que le détail des moulures qui composent l'entablement.* Quant à l'espacement des balustres, *voyez ce qui a été dit ci-devant, page 25*ᵉ.

Le détail des moulures & des ornemens du chapiteau, se trouvera *planche 11*ᵉ *de notre seconde Partie.* Pour le détail de la base, *voyez la planche 12*ᵉ *de notre premiere Partie.*

Le plan au bas nous fait voir que les colonnes sont isolées de toute part.

Pour la distribution des ombres, *voyez ce qui a été dit aux pages 19 & 20 de notre premiere partie.*

La Planche huitieme représente le portique Corinthien.

Pour parvenir à connoître le module de cet ordre, *voyez ce qui a été dit ci-dessus.* Le module étant trouvé, il faut porter de droite & de gauche de l'axe A B, 6 modules 12 parties. Pour avoir les axes C D, E F, des colonnes G (*b*), vous construirez, comme il a été dit à la *page 25*ᵉ : puis vous donnerez 1 module 2 parties pour la largeur des pieds-droits H : il restera 9 modules 2 parties pour l'ouverture de la porte, à laquelle vous donnerez

---

(*a*) Cet entre-colonnement est regardé comme le plus étroit que l'on puisse faire pour cet ordre.

(*b*) Cet espacement est regardé comme le plus grand que l'on doive faire dans cet ordre.

21 modules de hauteur. Alors vous aurez cette proportion : la hauteur de la porte aura deux fois sa largeur plus $\frac{1}{3}$: le moins que l'on puisse lui donner de hauteur, est deux fois sa largeur plus $\frac{1}{4}$ (*a*).

Connoissant le dessous de l'archivolte, il sera aisé d'en connoître le centre, en portant 4 modules 10 parties, du dessous de l'archivolte *en contre-bas*; ce qui fait la moitié de l'ouverture de la porte, & ce qui fixe le dessus des impostes. *Voyez les mesures cotées des impostes & archivoltes Corinthiens, planche* 15e *de notre premiere Partie.*

Pour les ornemens qui accompagnent la clef, *voyez ce qui a été dit à la page* 16 *de notre seconde Partie.*

Vous trouverez les mesures cotées de l'entablement, *planche* 13e *de notre premiere Partie.* Pour la distribution des balustres, *voyez ce qui a été dit, page* 25e.

Le plan au bas de la planche, nous fait voir que les colonnes sont engagées d'un tiers de leur diametre inférieur : elles ne peuvent l'être davantage, ni moins d'un quart.

Pour la distribution des ombres, *voyez ce qui a été dit à la page* 27e.

La Planche neuvieme nous fait voir l'application de l'ordre Toscan, à une porte de Ville de guerre.

Pour parvenir à la connoissance du module, il faut diviser la hauteur B C, en 28 parties égales : une de ces parties sera le module de l'ordre. Portant de droite & de gauche de l'axe B C, 6 modules, vous aurez les axes D E & F G, pour l'espacement des colonnes : puis vous porterez 2 modules d'un côté à gauche de l'axe D E, & de l'autre côté à droite de l'axe F G, ensuite 5 modules 6 parties & autant de l'autre côté, & enfin un module comme on le voit coté sur la figure.

Présentement il faut prendre 3 modules pour la hauteur du socle H, 14 modules pour les colonnes I, 3 modules 6 parties pour l'entablement K, 2 modules pour le socle L, 3 modules 6 parties pour l'attique M, 9 parties pour la corniche de l'attique, 1 module 3 parties pour le socle E C F de l'attique.

Vous trouverez les mesures cotées pour la base, le chapiteau

(*a*) Cette proportion est générale pour les ouvertures quelconques, placées dans un entre-colonnement Corinthien.

&

Pl 9.

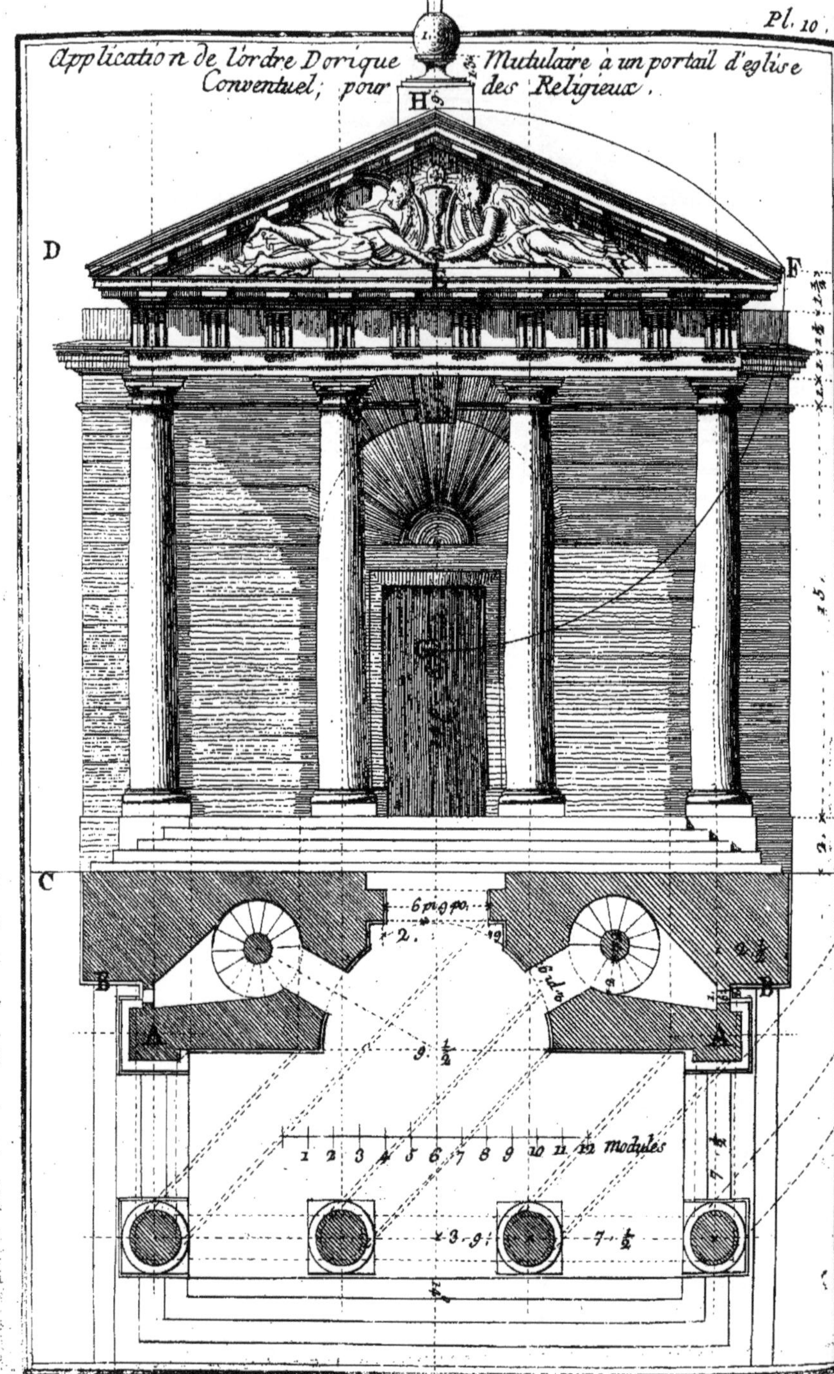
Pl. 10.
Application de l'ordre Dorique Mutulaire à un portail d'eglise Conventuel; pour des Religieux.
H
D
E
F
C
6 pi. 9 po.
2.
B
B
A
A
9. ½
1 2 3 4 5 6 7 8 9 10 11 12 modules
3. 9.
7. ½

& l'entablement, ainsi que pour l'espacement des modillons, *planche 4e & 5e de notre premiere Partie.* Les différens corps N d'Architecture qui accompagnent les 2 colonnes I, sont enrichis de refends qui indiquent les assises des pierres, & sont espacés par module. Un refend n'est autre chose qu'un renfoncement dans la pierre, dont la hauteur & la profondeur doivent être proportionnées : on doit donner au refend, pour hauteur, la douzieme partie de l'espace, & de profondeur les ¾ de sa hauteur au plus, & au moins la moitié. Nous avons détaillé un refend en grand, à la partie A de cette planche, afin de faire entendre ce que nous venons de dire. On se sert aussi de bossage (*a*) dans la décoration pour enrichir les corps d'architecture, & même les colonnes & les pilastres (*b*). Nous regardons comme un abus d'employer les bossages à ce dernier usage. Il sont bien aux murs de terrasses, aux ouvrages rustiques, &c. ; mais ils ne sont pas employés convenablement dans les grands édifices, comme on le peut voir au Palais du Luxembourg, & dans bien d'autres endroits. Au contraire, les refends peuvent s'employer par-tout : on ne leur donne pour profondeur, que la moitié de leur hauteur, dans la décoration où les ordres moyens & délicats président ; ainsi que dans la décoration où l'on n'auroit retenu que leur expression.

Revenons à l'attique M, enrichi d'une table saillante, propre à recevoir une inscription.

Pour la corniche O de l'attique M, on aura recours à la corniche du piedestal Dorique, *planche 6e de notre premiere Partie, abstraction faite du Gorgerin & de l'Astragale.* Comme la corniche du piedestal est de 7 parties, compris le reverdeau, il faudra faire à part une échelle pour la corniche de l'attique, en divisant en 7 parties égales, les 9 parties pour la hauteur de la corniche ; ensuite vous vous conduirez, pour les différentes moulures, selon les cotes de la corniche du piedestal Dorique.

Au-dessus du socle L, à-plomb des colonnes I, sont placées, sur des

---

(*a*) Le bossage fait saillie sur le nud du mur, séparé par un filet & dans la même proportion que le refend.

(*b*) On fait des pilastres de tous les ordres d'Architecture : c'est un corps saillant sur le nud du mur du quart de son diametre au plus, & du sixieme au moins, s'élevant parallelement, ayant même proportion que les ordres des colonnes ; avec cette différence, que les pilastres doivent être toujours engagés & jamais isolés. C'est ce qui fait considérer le pilastre comme appartenant plus à l'art de bâtir, qu'à la décoration des bâtimens au contraire de la colonne.

piedouches *a*, des bombes P qui éclatent ; leur diametre est égal au diametre supérieur de la colonne. Sur la continuité du même socle L, à-plomb des corps d'Architecture N, sont placés des trophées militaires : leur hauteur ne doit pas excéder le dessus de l'attique ; leur extrêmité doit être au contraire un peu au-dessous. *Vous trouverez ces trophées en grand, planche 28e de notre seconde Partie.*

Les pieds-droits Q auront chacun 1 module 2 parties : le dessous de l'imposte R sera fixé à 10 modules du sol, & aura de hauteur 1 module. *Voyez les mesures cotées des impostes & archivoltes Toscans, planche 15e de notre premiere Partie.*

Les armes de la France T sont placées au-dessus de l'imposte R, dans un demi-cercle, faisant cul-de-four. *Voyez les armes de France en grand, planche 28e de notre seconde Partie.*

Attenant les pieds-droits Q est un champ circulaire d'un module de rayon, formé par un quart de cercle dans le plan. Au-dessous de l'imposte R, est un champ de 9 parties.

Le socle où sont placées les bornes de fonte V, a 2 modules de hauteur : sur ce socle est une feuillure de trois parties par les côtés, & au dessus de la porte, on a coté la moitié de la largeur de la porte, 2 modules 7 parties. Comme cette ouverture ne doit pas excéder 10 pieds, par rapport à son usage, on divisera cette ouverture en 10 parties égales, pour avoir le pied, & on saura par là combien le module contient de pieds, de pouces, &c. en faisant cette proportion, si 2 modules 7 parties qui font la moitié de l'ouverture de la porte, valent 5 pieds ; combien vaudra 1 module ? On trouvera pour le module 1 pied, 11 pouces $\frac{5}{31}$.

On voit dans la partie supérieure de la porte, le bout des orgues (*a*), qui annoncent, par leur aspect, l'usage de cette porte ; car dans l'exécution, ils ne doivent point paroître. Les arriere-corps X représentent les murs du rempart, dont la plinthe Y est de même hauteur que l'imposte R. Nous n'entrerons pas dans le détail des fossés qui doivent se trouver devant cette porte, avec un pont-levis. Nous ne dirons rien non-plus de la distribution d'une pareille porte. *Nous renvoyons, relativement à ces objets, à*

(*a*) Ce sont des pieces de bois pointues & ferrées par un bout, que l'on fait monter & descendre par le moyen d'un treuil, en cas de surprise.

la science des Ingénieurs, par M. Bellidor. Nous dirons seulement qu'il est aisé de sentir dans le plan, les différentes lignes qui correspondent à l'élévation, par le moyen des lignes ponctuées *b, c, d, e, f, g, h, i.*

Les escaliers tournans *l*, servent pour descendre dans le fossé ; & depuis le sol de la porte, jusque dessous la plate-bande de l'architrave, on a placé des meurtrieres *k*, de 9 pieds en 9 pieds, en cas de surprise.

Nous allons exposer la maniere de tracer les ombres portées par les différens corps saillans que nous venons de décrire.

Pour ombrer la corniche O de l'attique M, *voyez à la page* 15e *de notre premiere Partie.* Pour ombrer l'entablement K, *voyez à la page* 13e *de notre premiere Partie.* Pour ombrer les colonnes I, *voyez aux pag.* 11e, 12e *&* 13e *de notre premiere Partie.*

L'avant corps *n* dans le plan met en totalité dans l'ombre l'arriere-corps *o*, qu'on a trouvé en tirant la ligne *p* à 45 degrés. Pour connoître l'ombre portée par la colonne *q*, dans le plan, il faut tirer les lignes *r*, *s*, tangentes aux diametres supérieur & inférieur à 45 degrés : prenez *t r*, portez-la de *x* en *y*, dans l'élévation que vous ferez profiler selon les différentes saillies que vous trouverez. Pour avoir l'ombre portée par la plate-bande de l'architrave, prenez *z &*, que vous porterez de *aa* en *bb*, & que vous ferez profiler selon les différentes saillies que vous trouverez. Le reste des ombres sera aisé à tracer, en jettant un coup-d'œil sur le plan & sur l'élévation.

Il faut observer que sur les corps en avant, les ombres doivent être fortes, & qu'elles doivent toujours aller en se dégradant sur les arriere corps. Les corps sur le *premier plan* dont la surface est plane, n'auront qu'une teinte pâle & légere sur leur partie éclairée, en observant des clairs, comme il a été dit *à la pag.* 1 [illegible]^e^ *de notre premiere Partie.* On mettra une teinte plus forte sur le dernier plan où le soleil frappe : les corps qui seront intermédiairement placés, seront dans la demi-teinte.

L'ordre Toscan peut s'appliquer à la décoration des Arcenaux, des Phares, des Grottes, des Orangeries, sur-tout quand elles sont en terrasse comme à Versailles, pour les fontaines, en un mot, pour la décoration des ouvrages rustiques.

La Planche dixieme représente l'application de l'ordre Dorique mutulaire, à un Portail d'Eglise propre à des Religieux.

Quatre colonnes d'ordre Dorique sont élevées de terre de cinq marches & isolées de toute part sur un plan en avant portant entablement, elles sont couronnées d'un front ontriangulaire, au-dessus duquel est une croix : dans le tympan du fronton, sont des figures (*a*) en bas-relief, analogues à la Religion Chrétienne.

Le fond est un mur où l'on a marqué simplement les joints des pierres : au milieu de ce mur est une grande niche circulaire par son plan & par son élévation, contenant la grande porte d'entrée, & deux autres petites portes communiquant aux escaliers des tribunes : à l'angle de ce mur, & vis-à-vis les colonnes des extrêmités, sont des pilastres angulaires A, pour recevoir la plate-bande : en retour, les arrieres-corps B servent à accompagner l'ensemble du Portail.

La hauteur C D étant déterminée, on la divise en 22 parties égales : la 22e partie sera le module.

Pour former les masses principales de ce Portail, *voyez les mesures cotées sur la planche* : quant aux détails, *voyez les planhes 6e, 7e de notre premiere Partie.*

Pour trouver la proportion du fronton, du point E, comme centre, & de l'intervalle E F, décrivez le quart de cercle F G, du point G, comme centre, & de l'intervalle G F, décrivez la portion de cercle F H ; ce qui vous donnera la hauteur du fronton en H. Cette regle est générale pour tous les frontons triangulaires & circulaires.

Pour la projection des ombres, il faut se ressouvenir de ce qui a été dit *à la pag.* 35e. L'ouverture de la porte est cotée 6 pieds 9 pouces, & la moitié de cette même ouverture contient 2 modules : il sera ainsi aisé de connoître combien le module contient de pieds, pouces, &c. Car 4 modules contenant 6 pieds 9 pouces, il faut faire cette regle de proportion, 4 mod. : 81 pou. : : 1 module : *x* ; on trouvera 1 pied 8 pouces 3 lignes pour la valeur du module.

Comme l'ordre Dorique a des difficultés dans la pratique, lorsqu'on est obligé de grouper les colonnes sur les angles, pour

(*a*) Ces figures sont tirés de la planche 31e de notre seconde partie.

Pl. 11.

Nouveau Systeme pour l'Accouplement des Colonnes de l'ordre Dorique dans les cas où l'on seroit forcé degrouper les Colonnes sur les Angles par des raisons de Solidité.
2.m. 8p.
2.m. 8:p.
3.m. 7:part.
2.m. 8:
2.m. 8:
3.m. 7:
0 1 2 3 4 5 6 modules

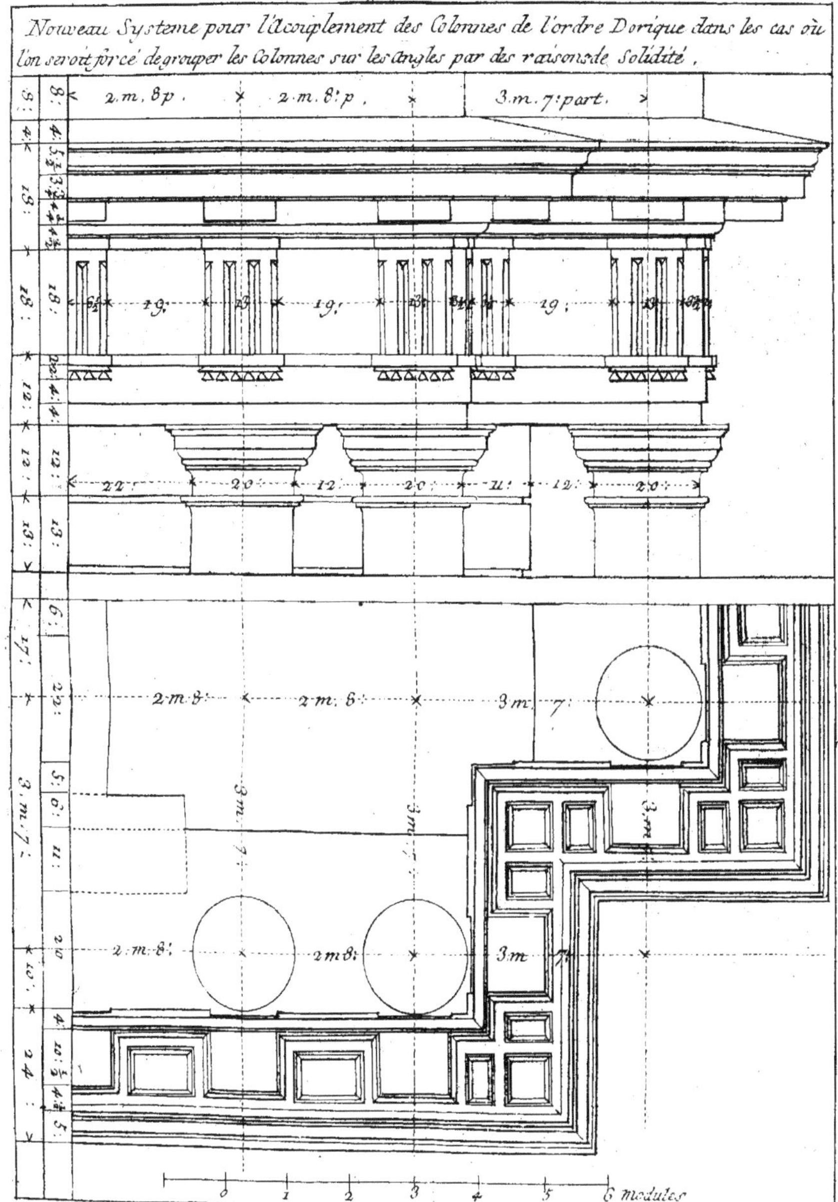

Application de l'Ordre Dorique denticulaire à un Arc de triomphe projeté à la gloire d'un Roi.

des raiſons de ſolidité ; on voit pluſieurs ſyſtêmes exécutés à Paris, & aux environs, par différens Architectes. On peut voir celui de *des Broſſes*, au portail de ſaint Gervais ; celui de *Manſart*, au portail des Minimes ; celui de *Liberal Bruant*, à la porte du Bureau des Marchands Drapiers ; celui de *le Veau*, au portique de Vincennes. Ces quatre ſyſtêmes ſont la ſource de licences intolérables dans ce genre. Feu Monſieur *Blondel* donne, dans ſon Cours d'Architecture, un ſyſtême qui vaut un peu mieux ; mais comme aucun de ces différens ſyſtêmes ne peut me ſatisfaire, j'en ai tracé un nouveau ſur la *planche* 11ᵉ. Il ſuffit de jetter les yeux ſur cette planche, pour voir les meſures cotées. On peut auſſi y remarquer la régularité du plafond de la corniche, tant dans les deux angles ſaillans, que dans l'angle rentrant : je puis aſſurer qu'on n'avoit point encore trouvé juſqu'à préſent une telle préciſion.

La Planche douzieme repréſente l'ordre Dorique denticulaire, appliqué à la décoration d'un Arc de triomphe, projetté à la gloire d'un Roi.

La hauteur A B étant déterminée, on la diviſera en 38 parties égales ; la 38ᵉ partie ſera le module : puis on tracera les maſſes principales, ſelon les meſures cotées ſur cette planche. Les figures ſont tirées *des planches* 27ᵉ, 29ᵉ & 30ᵉ *de notre ſeconde Partie.* Pour les détails de la corniche C, on aura recours à la corniche du piedeſtal Ionique, *planche* 9ᵉ *de notre premiere Partie.* Pour la mettre en proportion, il faudra diviſer à part la hauteur de la corniche C ; c'eſt-à-dire, 1 module 8 parties, en 16 parties égales : ce qui donne la hauteur de la corniche du piedeſtal Ionique : puis on agira ſelon les meſures cotées de cette corniche. L'archivolte D eſt d'une compoſition moyenne proportionnelle entre la Dorique & l'Ionique, *planche* 15ᵉ *de notre premiere Partie.* L'entablement E étant de 6 parties moins haut que celui *planche* 8ᵉ *de notre premiere Partie*, il faudra diviſer à part la hauteur de l'entablement E, c'eſt-à-dire, 3 modules 6 parties en quatre meſures égales, pour avoir un nouveau module qu'on diviſera en 12 : enſuite on ſuivra, pour l'entablement E, les meſures cotées ſur la *planche* 8ᵉ *de notre premiere Partie.* Pour détailler le chapiteau & la baſe, *voyez les planches* 6ᵉ & 7ᵉ *de notre premiere Partie.* Pour le fût, *voyez à la page* 25ᵉ. Les médaillons F ornés de guirlandes, ſont deſtinés à recevoir des inſcriptions pour expliquer les différentes victoires remportées ſous le regne du Roi pour lequel on érigeroit ce monument.

On voit au bas de la planche la moitié du plan, dont 4 colonnes engagées angulairement & 2 isolées. Ces dernieres portent l'arc sur le *premier plan*, posé sur un socle au-dessus de l'entablement ; ce qui caractérise un arc de triomphe. Il est aisé de voir, par le plan, le mouvement de l'entablement, mouvement nécessaire pour articuler chacune des parties principales qui composent l'ensemble du monument.

On a pratiqué dans les massifs des escaliers circulaires, évidés au milieu pour la descente des eaux.

Présentement, supposons que la largeur de l'ouverture du nud des colonnes, dans leurs parties inférieures, soit de 24 pieds, il sera aisé de déterminer combien le module vaut de pieds, de pouces, &c. : car la moitié de cette même ouverture égale 8 modules : ainsi, si 8 modules valent 12 pieds, combien vaudra 1 module ? On trouvera le module égal 1 pied 6 pouces.

La projection des ombres ne sera pas difficile, si l'on entend bien ce qui a été dit ci-devant. Cependant il est bon de faire remarquer que l'ombre des colonnes *a*, *b*, se confondroient, si l'on n'avoit pas eu attention de mettre un intervalle assez grand pour les détacher l'une de l'autre, afin de donner de la légéreté dans la distribution des ombres. C'est ainsi qu'on peut quelquefois s'écarter des principes reçus, quand on le fait pour produire de plus grandes beautés.

La Planche treizieme contient l'application de l'ordre Ionique antique, à la décoration d'un Portail d'Eglise, qui pouroit convevenir à des Religieuses.

L'ensemble de ce Portail nous présente sur le *premier plan*, 4 colonnes d'ordre Ionique antique, élevées sur 6 marches portant entablement, couronnées d'un fronton triangulaire, au dessus duquel est une Croix. Dans le tympan du fronton est une gloire : à-plomb des colonnes des extrêmités, est un acroterre C : le fond est un mur contenant au milieu la porte d'entrée de l'Eglise, & une niche de droite & de gauche pour recevoir des figures analogues à la Religion. Dans la même hauteur de la corniche au dessus de la porte d'entrée, se voit une plinthe enrichie de denticules & d'une cymaise inférieure : au-dessus de cette plinthe est un bas-relief analogue à un trait d'histoire de la Religion, avec champ & cadre au pourtour. Vis-à-vis les colonnes des extrêmités, sont des colonnes en-

Application de l'Ordre Jonique Antique à un portail d'église Conventuel pour des Religieuses.
C
C
7 pi.
4. 7.
1 2 3 4 5 6 7 8 9 10 Modules
7. 7.
7. 7.
7. 7.

Application de l'ordre Jonique moderne pour former l'avant corps d'une maison
de plaisance pour un Militaire
4. 3:
4. 3:
18.
E
E
C
D
D
F
F
3. 3:
4. 2:
7. 6:
1. 2 3 4 5 6 7 8 9 10 m.

gagées pour recevoir la plate-bande en retour : dans le même alignement de ces colonnes, il y a des corps d'architecture faisant partie du Couvent.

La hauteur A B étant déterminée, il la faut divisér en 25 parties égales, la 25e partie sera le module. Vous tracerez les masses principales, selon les mesures cotées sur cette planche.

La proportion du fronton se trouvera, comme il a été dit, *page 36e*. Pour l'entablement, le chapiteau & la base, *voyez les planches 9e, 10e de notre premiere Partie*. Vous trouverez la maniere de tracer le fût, *page 25e*. Pour la projection des ombres, *voyez ce que nous avons dit dans notre premiere Partie, à l'occasion de la base, du chapiteau & de l'entablement Ionique*; quand aux ombres portées par les colonnes, & autres corps d'Architecture, ainsi que la dégradation des teintes, *voyez à la page 35e*.

L'ouverture de la porte étant fixée à 7 pieds, il sera aisé de connoître combien le module vaut de pieds, de pouces, &c. : car la même ouverture contient 4 modules 7 parties; ainsi, si quatre modules 7 parties donnent 7 pieds, combien un module donera-t-il ? On trouvera 1 pied 7 pouces 1 ligne plus $\frac{13}{79}$ pour la valeur du module.

La Planche quatorzieme nous fait voir l'application de l'ordre Ionique moderne, pour décorer l'avant-corps d'une maison de plaisance pour un Militaire.

Dans le milieu de cet avant-corps, est placée la porte d'entrée du vestibule, dont les pieds-droits D, l'archivolte E & l'imposte C sont renfermés par une niche quarrée, formée par les alettes F. De droite & de gauche de la porte, sont des colonnes groupées, élevées sur un socle au bas duquel il y a 3 marches; l'entablement profile sur les colonnes : sur un socle au-dessus, sont placés des Génies tenans des guirlandes de fleurs. Sur le même socle, au-dessus de la porte d'entrée, on a placé les armes de celui qui fait bâtir, avec des figures (a) & trophées analogues à l'art militaire; ils sont appuyés sur la balustrade : les pilastres derriere les colonnes forment avant-corps sur le nud du mur, & servent à recevoir les plates-bandes en retour.

(a) Vous trouverez en grand ces figures, planche 22 & 36 de notre seconde Partie.

La hauteur A B étant déterminée, il la faut divifer en 59 parties égales. Les deux 59e feront le module : vous tracerez les maffes principales felon les mefures cotées fur cette planche. Pour les détails de la baluftrade, *voyez à la page* 25e. Pour les détails de l'entablement, *voyez la planche* 10e *de notre premiere Partie*. Pour les ornemens des chapiteaux, *voyez la planche* 10e *de notre feconde Partie*. Pour tracer les fûts des colonnes, *voyez à la page* 25e. Pour les détails des bafes, *voyez la planche* 9e *de notre premiere Partie*. Pour les détails des impoftes & archivoltes, *voyez la planche* 15e *de notre premiere Partie*.

L'ouverture de la porte étant fixée à 7 pieds de large, & la moitié de cette même ouverture contenant 4 modules 2 parties, il fera aifé de connoître de quelle valeur eft le module en faifant cette proportion. Si 4 modules 2 parties donnent 3 pieds 6 pouces, combien donnera 1 module ? On trouvera pour le module 10 pouces 2 lignes, plus $\frac{22}{37}$.

La Planche quinzieme contient l'application de l'ordre Corinthien, à la décoration d'un Repofoir projetté au carrefour de la Croix Rouge, compofé dans la Salle de l'Académie Royale, au Louvre, d'après le programme qui en a été donné, & que nous allons rapporter ici.

L'Académie a propofé à ces Eleves, pour Prix du mois de Juin 1759, l'élevation, le plan & la coupe d'un Repofoir, pour le carrefour de la Croix Rouge (*a*). *Pour accompagner ce monument, on y placera des vafes de fleurs naturelles, des Orangers ou Arbuftes: on ne fixe point le diametre des colonnes; c'eft à Meffieurs les Eleves de faire attention de ne point embarraffer la circulation des voitures pendant l'Octave de la Fête-Dieu.*

Dans cette compofition, j'ai fixé le diametre des colonnes à deux pieds; c'eft-à-dire, le module égal à un pied. On difpofera les maffes principales felon les mefures cotées fur cette planche : pour les détails de la corniche A, il faudra faire une échelle à part, en divifant la hauteur de la corniche A, en 17

(*a*) Le Profeffeur à eu attention de procurer aux Eleves un plan général au trait, correctement levé, que nous avons tracé fur la planche 18e.

parties

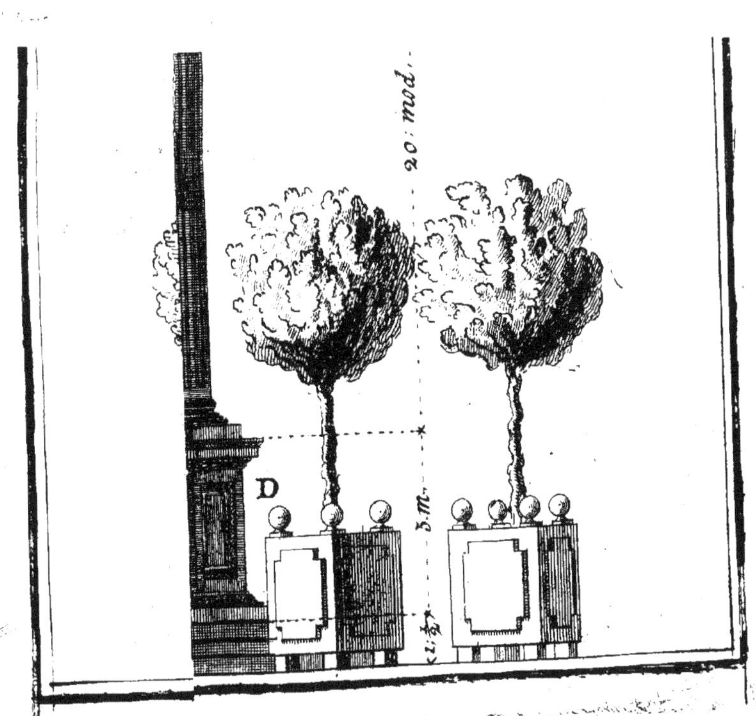
D
20: mod.
3.m.

Plan, Elevation et Coupe, d'un Reposoir projeté.
au Carfour de la Croix Rouge.

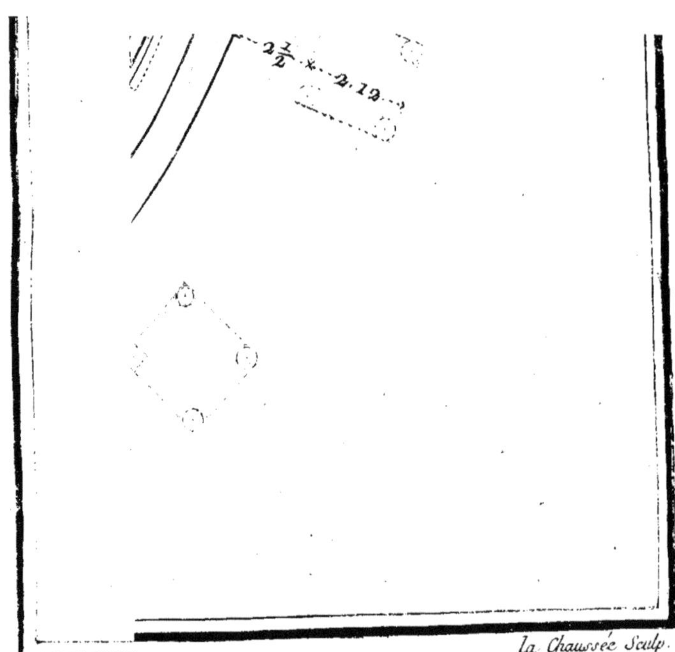

...res de Malte, Commandeur de la

...et très Obeissant Serviteur Panseron.

...Militaire de Paris.

Echelle de 18. Pieds

1 2 3 4 5 6 7 8 9 10 11 12 13 14 15 16 17 18

Pl. 16.

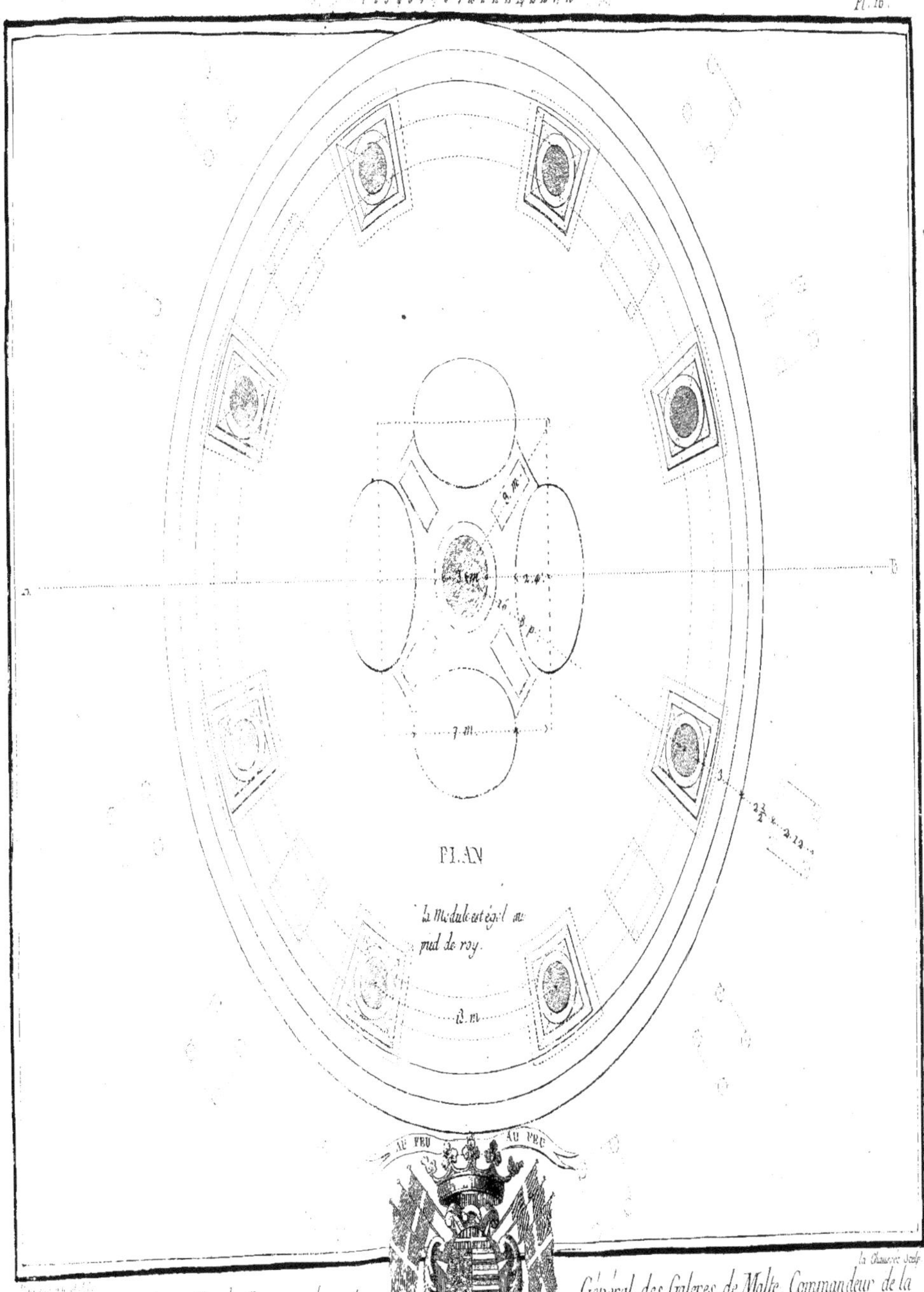

La Chaussée Sculp.

A Monsieur le Bailly de Bar cy-devant Général des Galeres de Malte, Commandeur de la
... Frie, Vicomte de Provins et Prieur de Sceau. Par son très humble et très Obeissant Serviteur Panseron.
Architecte et Professeur de Dessein à l'Ecole Royale Militaire de Paris.

Avec Privilège du Roy.

parties égales, la 17e partie fera une demi-partie de module, pour cette corniche seulement. *Puis vous aurez recours aux mesures cotées de la corniche du piedestal Corinthien, planche 12e, premiere Partie, moins le reverdeau, le gorgerin & l'astragale.* Pour les détails de la corniche B, il faudra aussi faire une échelle à part, en divisant la hauteur de cette corniche en 7 portions égales : chacune de ces portions contiendra 4 parties de modules, ensuite vous agirez selon les cotes de la corniche Corinthienne, moins le larmier denticulaire, *planche 13e de notre premiere Partie.* Cette corniche B, s'appelle corniche décomposée. Pour les détails de l'entablement C il faudra faire encore une échelle à part, en divisant la hauteur de cet entablement en 9 parties égales : la neuvieme partie sera le demi-module. Puis vous agirez selon les mesures cotées de l'entablement Corinthien, *planche 13e de notre premiere Partie.* Il est bon de faire remarquer que dans le dessin, comme il n'est pas assez grand pour y détailler toutes les parties sans confusion, on a supprimé le larmier denticulaire de la corniche, plus une plate-bande de l'architrave &c ; mais on auroit grande attention de ne rien supprimer dans l'exécution. Pour les détails des ornemens des chapiteaux, *voyez la planche 11e de notre seconde Partie.* Pour tracer les fûts des colonnes, *voyez à la page 25e.* Pour les ornemens des canelures, *voyez la planche premiere de notre seconde Partie.* Pour les détails des bases des colonnes, *voyez la planche 12e de la premiere Partie.* La hauteur des piedestaux D, est fixée à 5 modules : c'est pour cela qu'on agira selon les mesures cotées du piedestal corinthien, moins le gorgerin & l'astragale, *planche 12e, premiere Partie.*

Il est aisé de voir dans le plan, *planche 16e*, la forme circulaire, composée des 8 colonnes, espacées également ; au milieu est un Autel à 4 faces.

Nous ne dirons plus rien sur la projection des ombres. Nous croyons en avoir assez dit, pour qu'on les puisse tracer de soi-même, d'après les planches, sans aucune autre explication.

La Planche dix-septieme représente la coupe du Reposoir, prise sur la ligne A B, *marquée sur le plan, planche seizieme.*

La *Coupe* résulte de la supposition qu'on fait qu'un édifice quelconque a été séparé en deux également ou inégalement par un plan imaginaire, qui passe par son centre, ou autre part, selon l'endroit qui paroît le plus convenable : moyen en quoi l'on peut voir les profils & la décoration intérieure. C'est aussi pour faire juger de la décoration intérieure du reposoir proposé, qu'on en a fait une coupe sur la ligne AB. Cette coupe a l'avantage de faire voir les profils extérieurs & intérieurs dont on a cotté d'un côté les hauteurs & de l'autre les saillies.

La calotte E est enrichie d'une Gloire. La partie F, au-dessous, est ornée de médaillons ovales, séparés par les figures qui font ornemens. La partie G, espece de frise bombée, est enrichie d'ornemens courans. H. tore corrompu enrichi de feuilles de chêne. I. gorges. K. corniche intérieure. Le reste ressemble à l'extérieur. On voit sur la planche 18e le plan général coté.

La Planche dix-neuvieme fait voir l'application de l'ordre Corinthien, à la décoration d'un baldaquin, de l'invention de M. Desprez.

On ne peut se refuser de reconnoître, dans ce petit projet, beaucoup de génie & d'invention de la part de l'Artiste que nous venons de nommer.

Les mesures cotées sur le plan & sur l'élévation *pl.* 19e & 20e, suffisent pour tracer les masses principales : quant aux détails, il faut être suffisamment instruit pour les distribuer; car c'est un composé, & un décomposé des ordres d'Architecture moyens & délicats, dont un homme de génie sçait tirer parti, ainsi que dans la composition des figures & des ornemens répandus dans cette décoration.

On trouve au bas de la planche 20e une échelle de module & une de pieds.

De la Distribution.

On entend par *Distribution*, l'art de disposer commodément toutes les pieces qui composent un bâtiment d'habitation, en observant de placer convenablement les pieces communes & les appartemens particuliers. Les pieces communes ou de société, sont ordinairement composées, pour une maison considérable, d'un vestibule, d'une antichambre, d'une salle à manger, d'un ou de plusieurs sallons, d'une salle d'assemblée, d'une salle de compagnie, d'une ou de plusieurs chambres de parade, d'un ou de plusieurs cabinets de tableaux, ou d'histoire naturelle, d'une galerie, &c. accompagnés de lieux à l'Angloise, de couloirs & de dégagemens nécessaires. On place ordinairement ces différentes pieces dans une même enfilade, excepté le vestibule, la salle à manger, l'antichambre & les garde-robes.

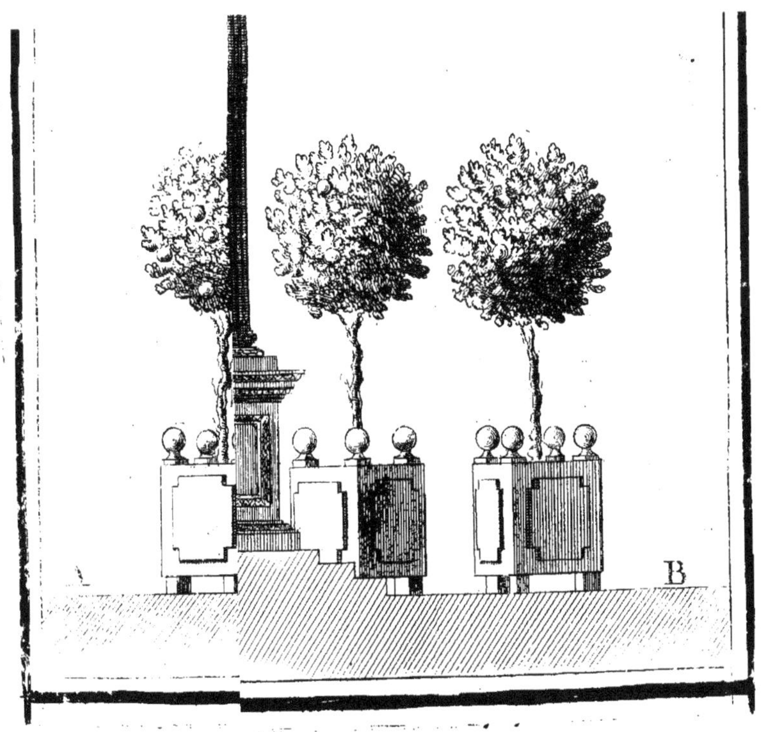
B

Coupe prise sur la Ligne AB.

du Reposoir Projeté.

A

B

Echelle de ... Pieds

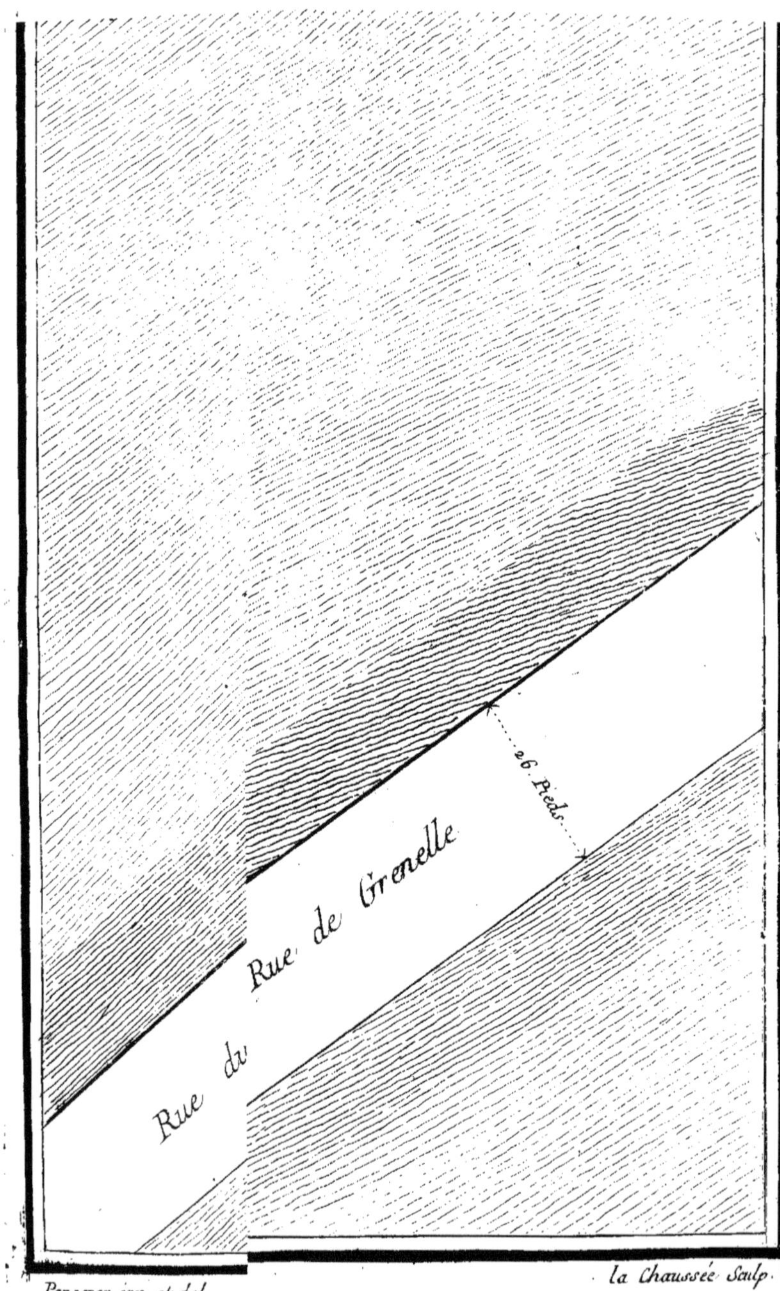

Panseron inv. et del.

la Chaussée Sculp.

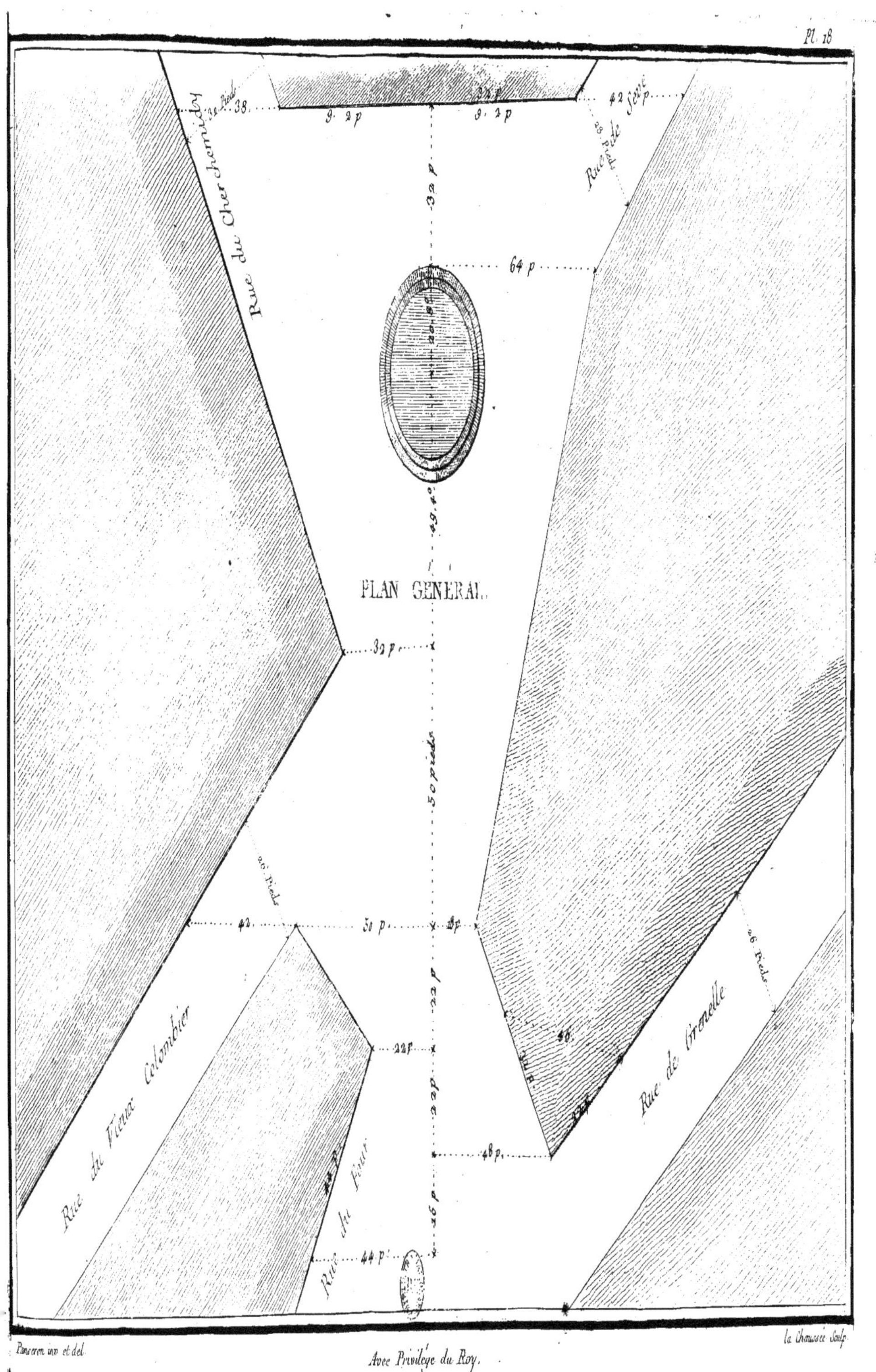

Pl. 18
Rue du Cher Midy
38
9. 2 p
9. 2 p
42 p
Rue p.te Seve
28 pieds
32 p
64 p
PLAN GENERAL.
32 p
50 pieds
26 Pieds
42
30 p
22 p
22 p
26 Pieds
Rue de Grenelle
Rue du Vieux Colombier
Rue du four
48 p
44 p
Panseron inv et del.
Avec Privilège du Roy.
la Chaussée Sculp.

PROJET DUN BALDAQUIN

Dedié à Monsieur Rousset Architecte du Roy

Par son très Humble et très Obeissant Serviteur DESPREZ

Architecte et Professeur de Desseing à l'Ecole Royale Militaire

Pl. 20

3
7
3. 12
1.12
12
4.3:
18
12m
12 par
2
1
0 1 3 5 7 9 11 13 15 m.
1 2 3 4 5 6 7 8 pieds

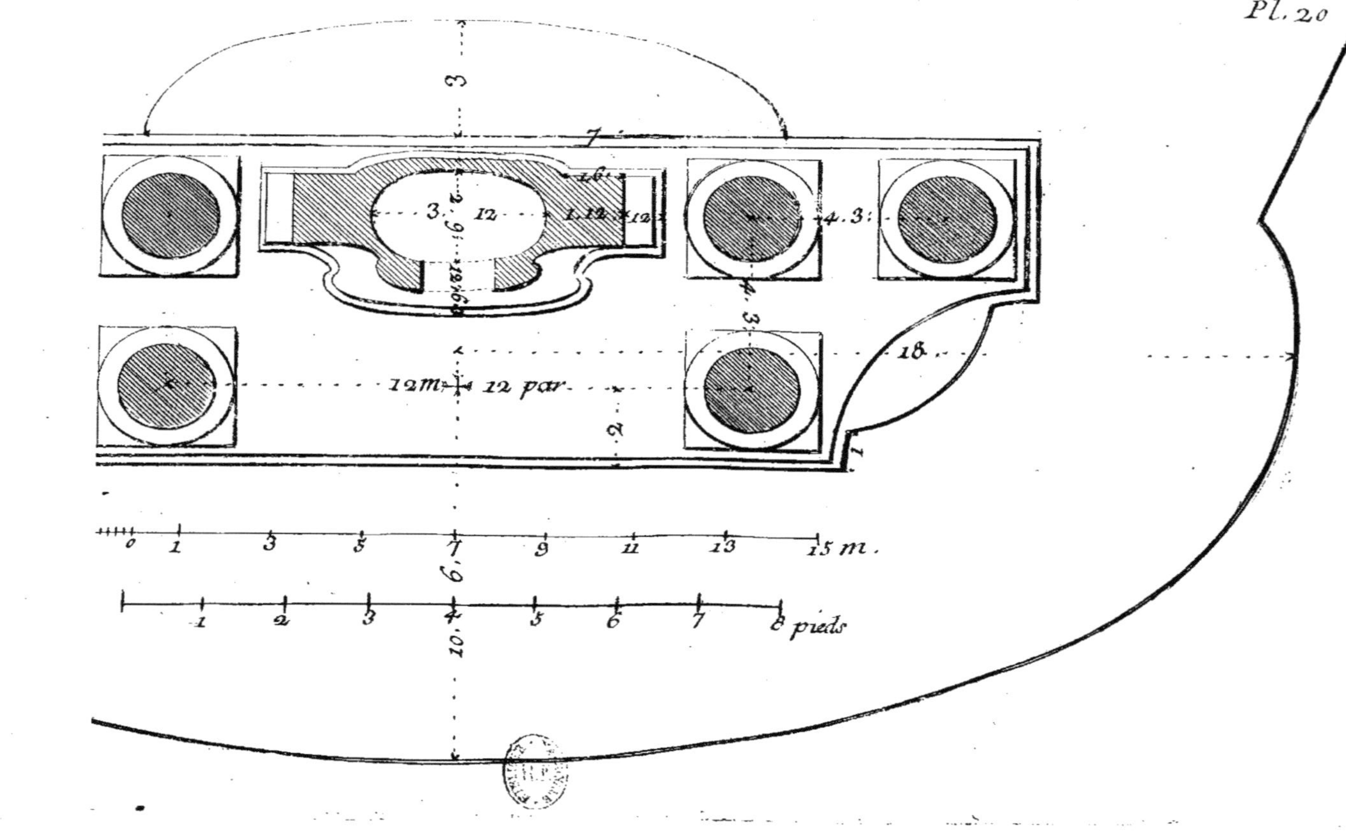

Pl. 20

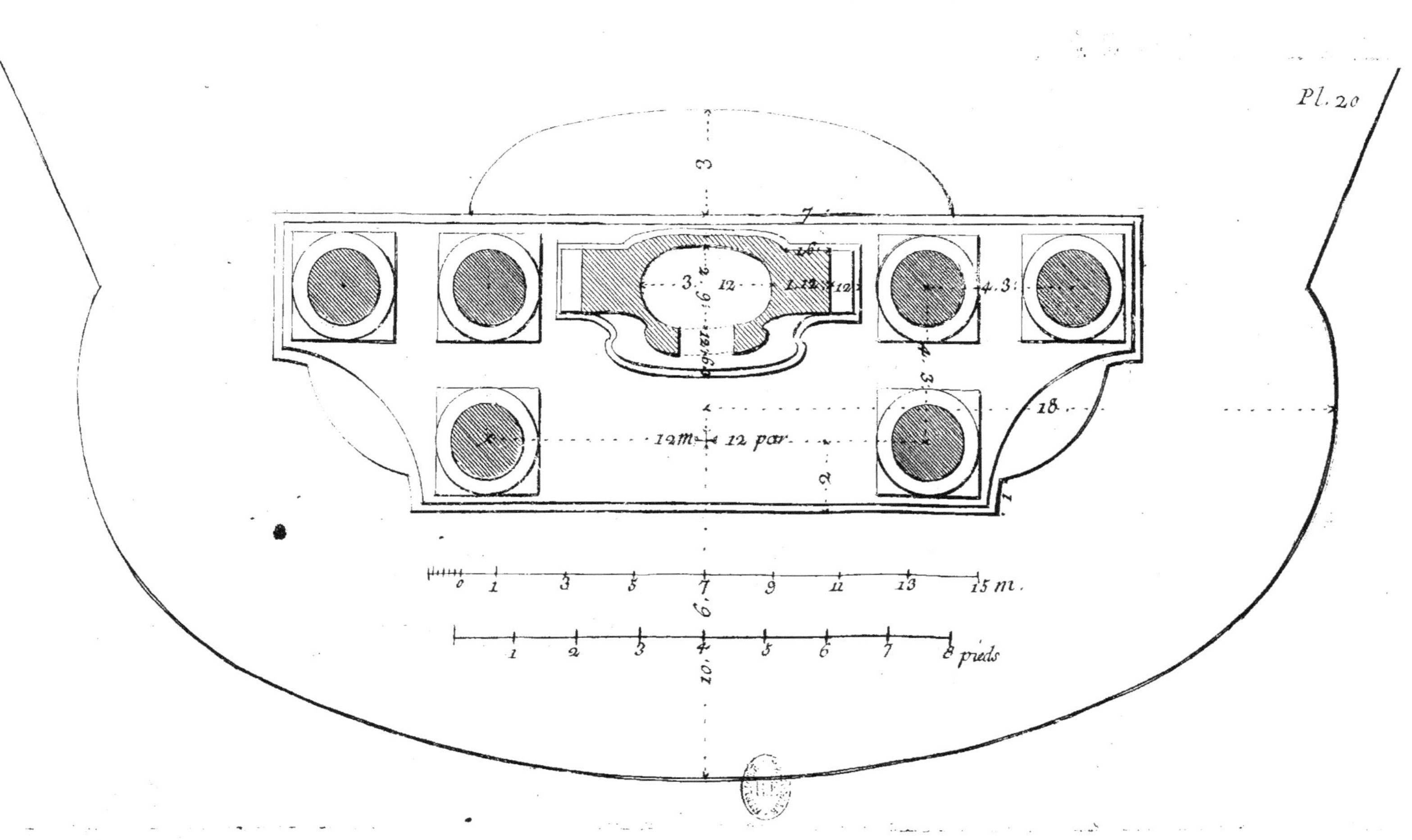

Un appartement particulier est composé au moins de quatre pieces, c'est-à-dire, d'une antichambre, d'une chambre à coucher, d'un cabinet & d'une garde-robe. Cette derniere se met quelquefois en entresol, ou à l'étage au-dessus, quand on ne peut pas l'avoir de plein-pied. Cette garde-robe doit avoir un dégagement, soit par un escalier dérobé, ou par un couloir, ou un corridor; pour que le service domestique puisse s'y faire avec exactitude, promptement & sans aucune incommodité.

Il faut observer, en distribuant, de rendre ces différentes pieces regulieres, à l'exception des garde-robes ou des pieces de peu de conséquence. Cette regularité s'appelle *symmétrie*, quand les écoinsons sont égaux : on dit qu'une piece est réguliere, quand elle a ses côtés opposés semblables ; & irrégulierement reguliere, quand chaque côté est régulier en particulier. On doit varier la forme des pieces, sans pour cela nuire à la symmétrie des dedans, ni à la décoration des façades, ni déroger aux loix de solidité. Nous comprendrons aussi dans l'article de la distribution, l'art de disposer les dépendances d'une maison, ainsi que la distribution des jardins.

La connoissance de ces trois parties de l'Architecture, la *Décoration*, la *Distribution* & la *Construction*, est absolument indispensable à un véritable Architecte. C'est pourquoi nous traiterons conjointement de ces trois parties dans les exemples que nous allons proposer, quoique nous n'ayons encore rien dit en particulier sur la construction.

Notre intention n'est pas de parler de la Distribution des bâtimens considérables, dans un traité purement élémentaire comme celui-ci. Nous pourrons nous étendre davantage dans un autre Ouvrage. Nous dirons seulement que pour distribuer des bâtimens considérables, il faut avoir beaucoup de génie, d'invention & de réflexion : il faut bien connoître les usages des différentes pieces qui composent un bâtiment d'habitation ; car il y a plusieurs manieres de retourner un plan, soit en faisant le principal corps de logis *simple* (*a*), soit en le faisant *semi-double* (*b*), *double* (*c*), ou

(*a*) Quand le bâtiment n'a qu'une piece dans sa profondeur.

(*b*) Quand il y a une principale piece avec une garde-robe dans la profondeur du bâtiment.

(*c*) Quand il y a dans la profondeur deux pieces principales, séparées par un mur de refend.

triple (*d*) *&c.* Le principal corps de logis peut encore être flanqué par des ailes de bâtimens, simples, doubles, ou semi-doubles, ou seulement par des terrasses. D'ailleurs, tous les bâtimens de dépendances doivent être disposés & traités d'une maniere propre à faire valoir l'objet principal : en outre, ces bâtimens peuvent être pour la ville, ou pour la campagne, autant de motifs différens qui exigent des variétés dans la distribution. En un mot, la distribution variera à raison des besoins & de l'opulence de celui qui fait bâtir. Revenons à notre objet, qui est de nous borner à de petites distributions, en commençant par ce qu'il y a de plus simple.

De la distribution d'une maison à loyer, bâtie à la Ville.

Lorsqu'un Particulier propose à un Architecte de distribuer son terrein pour y bâtir, il lui donne par écrit ses intentions, & la dépense qu'il veut faire : c'est à l'Architecte habile d'en tirer le meilleur parti possible.

Comme on ne peut donner de regles générales pour la distribution dont nous allons parler; que cela dépend de la régularité, ou de l'irrégularité du terrein, & des besoins de celui qui fait bâtir, nous donnerons des exemples de la maniere de distribuer commodément & avec symmétrie, pour les pieces qui en exigent. Nous ferons les facades régulieres, en employant certaines parties feintes.

Nous indiquerons cependant, en passant, certaines regles que l'on pourra appliquer à plusieurs distributions, & dont il ne faudra pas s'écarter de beaucoup.

Présentement, je suppose un terrein situé sur une rue ; & qu'on veuille élever sur ce terrein une maison de 30 pieds de profondeur, hors œuvre, sur 15 pieds de large dans œuvre, c'est-à-dire, entre les deux murs mitoyens.

PROGRAMME.

On demande dans les souterreins plusieurs caves, & la fosse d'aisance : à rez-de-chaussée, une salle à manger, une cuisine, un passage, une petite cour, un puits, des lieux & un escalier tant pour descendre aux caves, que pour monter aux différens étages de la maison, qui

(*d*) Quand il y a trois pieces principales dans la profondeur.

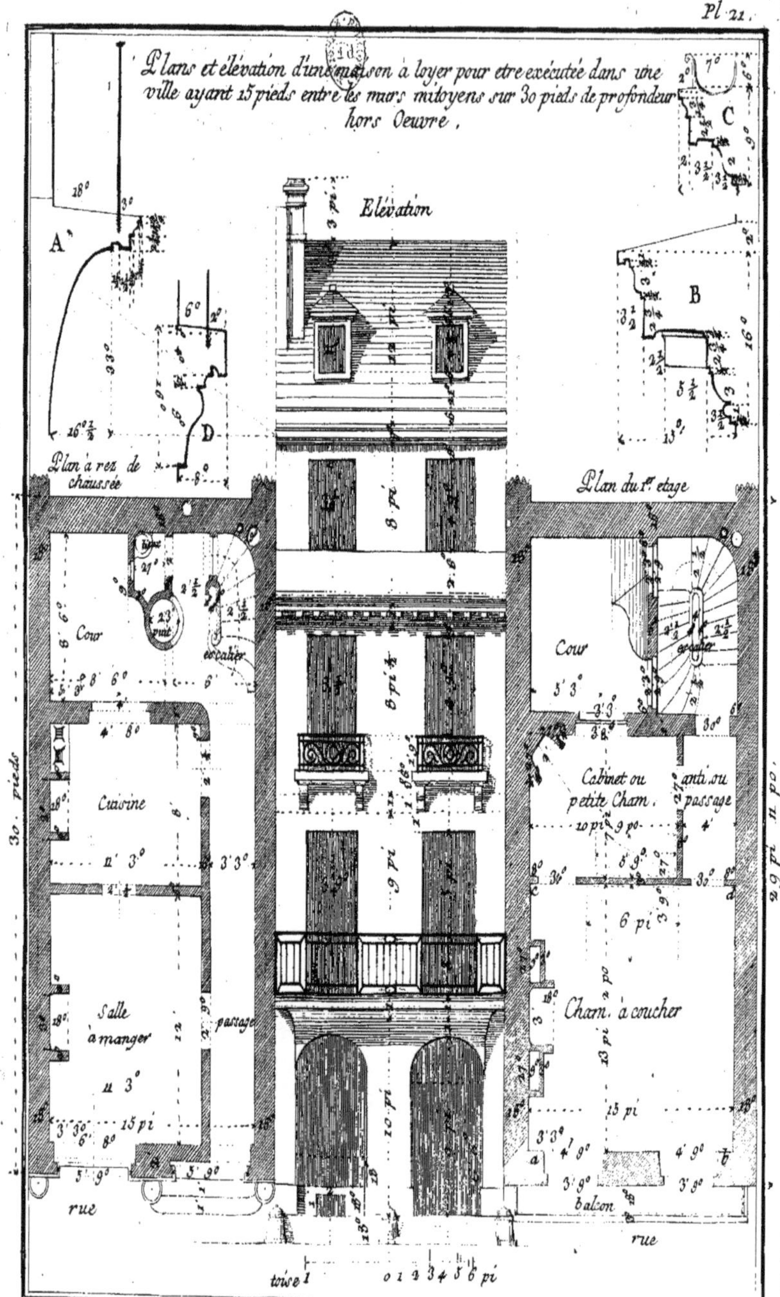
Plans et élévation d'une maison à loyer pour etre exécutée dans une ville ayant 15 pieds entre les murs mitoyens sur 30 pieds de profondeur hors Oeuvre.
Elévation
A
B
C
D
Plan à rez de chaussée
Plan du 1.er etage
Cour
escalier
Cuisine
Salle à manger
passage
Cabinet ou petite Cham.
anti ou passage
Cham. à coucher
balcon
rue
rue
30. pieds
toise 1
0 1 2 3 4 5 6 pi

toise 1 0 1 2 3 4 5 6 pi

ſera compoſée, outre le rez-de-chauſſée, d'un premier étage, d'un ſecond, d'un troiſieme & de greniers au-deſſus.

Le premier étage ſera compoſé d'une petite antichambre, d'une chambre à coucher, & d'un cabinet ou petite chambre : la même diſtribution pour les autres étages, en obſervant ſeulement des lieux d'aiſance ſur le pallier, entre le troiſieme étage & les greniers.

La Planche vingt-unieme repréſente le plan à rez-de-chauſſée, celui du premier étage, & la façade de la maiſon demandée, accompagnée des profils en grand, des corniches & plinthes.

Le rez-de-chauſſée eſt élévé du ſol de la rue, de 3 marches, chacune de 6 pouces de hauteur. Il y a dans la façade deux grandes ouvertures, terminées à leur partie ſupérieure, par une anſe de pannier : elles ont chacune 5 pieds 9 pouces de large entre les deux tableaux (*a*), & en dedans 6 pieds 8 pouces, compris les feillures & les embraſſemens. Faiſant les feillures & les embraſſemens de même grandeur, on aura 2 pouces 9 lignes pour chaque feillure & chaque embraſſement. Ces ouvertures ont 9 pieds de haut partant du ſol : l'une des deux ſervira pour éclairer la ſalle. Cette baye ne commencera vraiment qu'à la hauteur de 3 pieds en dedans, & paroîtra en dehors de 18 pouces plus bas. A l'autre ouverture, la moitié eſt feinte. Il n'y aura qu'un ventail de la porte qui ouvrira de la hauteur de 6 pieds 6 pouces, & le reſte ſervira pour éclairer le paſſage dans les temps que la porte ſera fermée. Ce paſſage, qu'on appelle communément *allée*, a 3 pieds 3 pouces de large, comme on peut le voir ainſi coté ſur le plan.

Dans le ſocle & au-deſſous de la croiſée de la ſalle, eſt un ſoupirail d'un pied de hauteur ſur 2 de large, pour éclairer & donner de l'air à une cave.

La ſalle à manger à 12 pieds de long, ſur 11 pieds 3 pouces de large. La cuiſine à 11 pieds 3 pouces de long, ſur 8 pieds

(*a*) On donne ordinairement aux tableaux des croiſées, le tiers de la largeur du mur, quand il a depuis 18 pouces juſqu'à 3 pieds d'épaiſſeur : au-deſſous de 18 pouces, on donne 6 pouces au tableau, & le reſte pour l'embraſſement : au-deſſus de 3 pieds, on donne 1 pied au tableau, & le reſte pour l'embraſſement. On donne ordinairement 3 pouces aux feillures, & autant aux embraſſemens.

de large. La séparation de ces deux pieces est faite par une cloison de six pouces d'épaisseur, ayant une ouverture au milieu, qui sera fermée par une porte à placard à double parement. Chacune de ces deux pieces a une cheminée de trois pieds de large. D'un côté, & attenant la cheminée de la cuisine, on a placé les fourneaux. La cuisine est séparée de la cour par un mur d'un pied d'épaisseur. On y a pratiqué, pour l'éclairer, une ouverture de 4 pieds de large sur 8 pieds de hauteur, qui sera fermée par une porte croisée à deux ventaux, avec volets en dedans pour la sureté de la fermeture : par cette ouverture, on aura communication dans la cour. Il y aura deux marches à monter de chacune 6 pouces de hauteur. La cloison qui sépare la salle & la cuisine d'avec le passage, est de 6 pouces d'épaisseur : on y a pratiqué deux ouvertures, une de 2 pieds 9 pouces, & l'autre de 2 pieds $\frac{1}{2}$, pour y recevoir des portes à placard à double parement, d'un seul ventail chacune. Le passage communique dans la cour après avoir monté deux marches de chacune 6 pouces de hauteur : par-dessous l'échappée de l'escalier, on parvient au puits qui a 2 pieds 3 pouces de diametre, & aux lieux, ou cabinet d'aisance, en descendant 2 marches de chacune 6 pouces de hauteur; l'entrée a deux pieds de large, & sera fermée par une porte pleine; ce cabinet sera éclairé par une petite croisée donnant sur la cour : on a pratiqué un siége de 18 pouces de hauteur, avec lunette de 9 pouces de diametre. Les lieux & le puits seront couverts par un apentis.

Nous avons jugé à propos de parler du rez-de-chaussée avant de parler des souterreins, parce que la distribution du rez-de-chaussée doit commander pour les caves (a). La distribution pour le plan des caves ne sera pas difficile à faire; car, en construisant un mur d'un pied d'épaisseur à-plomb des cloisons, & les vuides à-plomb des vuides : puis fortifiant les murs de 3 pouces de chaque côté, & pratiquant sous la cour une cave; on en aura trois, aux quelles il sera facile de donner du jour & de l'air. La fosse d'aisance sera placée sous l'escalier, plus bas que le sol des caves.

Revenons à l'escalier pour monter au premier étage. La cage de l'escalier a 8 pieds 6 pouces de long sur 6 pieds de large, ayant un angle arrondi pour y placer le tuyau des lieux pratiqués

---

(a) Dans toute distribution, le plan du bel étage doit toujours commander sur les autres, soit qu'il se trouve dessus ou dessous.

ſur le pallier : ces lieux ſe trouvent entre le troiſieme étage & les greniers. Le tuyau de la ventouſe doit monter depuis la foſſe d'aiſance juſqu'au deſſus d'une partie de la couverture. Comme la largeur de la cage de l'eſcalier eſt de 6 pieds, on prendra 2 pieds $\frac{1}{2}$ de chaque côté pour la longueur des marches : or en les ſuppoſant placées perpendiculairement ſur les limons qui auront chacun 4 pouces de large, il reſtera 4 pouces de vuide entre les deux limons.

Il y a 10 pieds à monter pour arriver ſur le pallier du premier étage : cette hauteur ſera diviſée en deux parties égales, par un repos ou pallier intermédiairement placé. Par conſéquent, cette moitié d'eſcalier du premier étage aura de hauteur 5 pieds, & 7 pieds à parcourir ſur la ligne ponctuée au milieu des marches. Il nous reſte à trouver le nombre de marches qu'il faut pour cette moitié, plus leur hauteur & leur largeur.

Pour cet effet, nous allons développer le principe général de la diſtribution des marches des eſcaliers, tant grands (*a*) que petits, & cela par un raiſonnement bien ſimple. Lorſqu'on marche de niveau, le pas eſt ordinairement de 2 pieds, & lorſqu'on monte perpendiculairement, ce qui ſe fait par le moyen d'une échelle, le pas eſt ordinairement d'un pied. Ainſi, lorſqu'on parcourt un eſcalier, on fait à chaque marche un pas composé, car l'on monte & l'on avance en même temps. Cela étant bien compris, il ne ſera pas difficile de connoître la quantité de marches qu'il faut pour un eſcalier ou pour une partie d'eſcalier. Rappellons-nous la moitié de l'eſcalier propoſé pour monter au premier étage, qui préſente 5 pieds ſur ſept pieds à parcourir ſur la ligne ponctuée au milieu des marches : or 5 pieds à monter, c'eſt comme ſi on en avoit 10 à marcher de niveau, plus 7 pieds à parcourir qui font 17 pieds. Ce nombre étant diviſé par 2 pieds, qui eſt le pas ordinaire, de niveau, on aura 8 $\frac{1}{2}$; mais comme on ne connoît pas de demi-marches, on prendra le parti d'y ajouter une demi-marche, & l'on comptera 9, pour deux raiſons : 1°. parce qu'en préférant le nombre

---

[*a*] Dans les maiſons un peu conſidérables, la longueur des marches doit avoir 4 pieds au moins. Il faut auſſi diſpoſer la cage, en ſorte que la hauteur d'un pallier à l'autre ſoit la moitié de l'eſpace à parcourir, afin d'avoir des marches de 6 pouces de hauteur ſur un pied de large, ſans compter la ſaillie du quart de rond.

A l'égard des eſcaliers de dégagemens, leurs marches doivent avoir depuis 18 pouces de longueur juſqu'à 2 pieds $\frac{1}{2}$.

impair, le pied-droit arrive le premier sur le pallier : 2°. parce que les marches doivent avoir un quart de rond, qui aura de saillie 1 pouce $\frac{1}{2}$ au moins, & au plus 1 pouce $\frac{3}{4}$: c'est pourquoi nous compterons 9 marches, y compris la marche palliere, pour monter 5 pieds & 7 pieds à parcourir. Divisant donc 5 pieds, ou 60 pouces par 9, on aura 6 pouces 8 lignes pour la hauteur de chaque marche : la largeur se trouvera par une regle de proportion inverse, en cette sorte : si 8 marches (*a*) donnent 7 pieds, ou 84 pouces à parcourir, combien donnera une marche ? On trouvera 10 pouces 6 lignes. On portera cette mesure 8 fois sur la ligne ponctuée, au milieu des marches de l'escalier (*b*), & on donnera 1 pouce $\frac{1}{2}$ de saillie pour le quart de rond de chaque marche.

On doit avoir attention de bien poser les marches de niveau sur tous sens, malgré les différens systêmes qu'on a voulu établir sur cet objet. La largeur des marches s'appelle *giron*, & la partie qui vient en diminuant du côté du limon, se nomme *colet*; il est bon de faire remarquer qu'il faut éviter relativement aux marches placées dans les *quartiers tournans*, la trop petite largeur des colets, & éviter aussi leur trop grand giron. Du côté des murs où elles sont scellées (*c*), on met sur le limon, une rampe de fer de 3 pieds de hauteur.

Ce que nous venons de dire pour cette partie d'escalier, doit s'entendre pour le reste de l'escalier, ainsi que pour tous les escaliers en général.

Ce principe vient de feu M. Blondel qui ne l'a pas assez développé, en ce qu'il détermine le nombre des marches, leur hauteur & leur largeur en tâtonnant ; ce qui fait que bien des personnes ont négligé cette méthode, en se contentant de construire des escaliers sans principes. Aussi ne doit on pas s'étonner de rencontrer beaucoup d'escaliers peu commodes à monter & à descendre, & qui ont été même refaits jusqu'à deux ou trois fois.

Nous pouvons présentement parcourir le premier étage : on

(*a*) On ne doit point compter la marche palliere, parce qu'elle ne se trouve pas dans l'espace à parcourir, sa longueur est a volonté prise dans le pallier.

(*b*) On donnera encore quelques exemples, quand l'occasion se présentera, afin de bien entendre cette partie des escaliers, extrêmement essentielle à connoître.

(*c*) Dans les Palais, on doit préférer, pour les cages des escaliers, les formes quarrées ou rectangulaires, afin d'éviter les colets & les trop grands girons.

passe

paſſe par une ouverture de 30 pouces de large, ſur 7 pieds de hauteur, qui donne entrée à une petite antichambre de 7 pieds de long, ſur 4 pieds de large : elle eſt éclairée par deux deſſus de porte. Cette antichambre donne entrée dans une chambre à coucher de 15 pieds ſur 13 pieds 2 pouces : elle eſt éclairée par deux croiſées ouvrantes de bas en haut pour aller ſur un balcon (*a*); l'écoinçon *a* doit être égal à l'écoinçon *b*. Les croiſées ont 3 pieds 9 pouces de large, ſur 8 pieds de haut : leurs axes enfilent le milieu des ouvertures au-deſſous, ainſi que celles de deſſus, &c.

Cette piece exige une ſorte de regularité : on y obſervera de la ſymmétrie dans chaque côté en particulier ; car les côtés opposés ne ſe reſſembleront pas. Le vuide de la cheminée a 3 pieds de large, ſur 2 pieds 9 pouces de hauteur & 18 pouces de profondeur du devant des jambages : elle eſt adoſſée au mur mitoyen à gauche : de chaque côté ſont les tuyaux de cheminée de la ſalle à manger & de la cuiſine, leſquels ont été dévoyés pour ſe réunir avec la cheminée dont nous venons de parler : ces tuyaux ont chacun 27 pouces de long, ſur 9 pouces de large, ce ſont les plus petits que l'on puiſſe faire. Lorſqu'on devoye les tuyaux comme ceux-ci, il faut en conſerver le parallelisme, autrement ils ſeroient ſujets à fumer (*b*). La poſition de la cheminée & l'accompagnement des tuyaux des cheminées du deſſous rendra ce côté là ſymmétrique : l'autre côté en face des croiſées formé par une cloiſon de 3 pouces d'épaiſſeur, eſt auſſi ſymmétrique : car le lit étant au milieu, avec une porte de droite & de gauche, rend cette partie ſymmétrique. Le doſeret *c*, doit être égal au doſeret *d*.

Le mur mitoyen en face de la cheminée eſt liſſe & ne prendra de ſymmétrie que par les meubles qu'on y placera. Cette chambre à coucher ſera décorée dans ſon pourtour d'un lambris à hauteur d'appui, ſurmonté d'une tapiſſerie analogue aux étoffes du

(*a*) On a ſeulement indiqué ſur la façade les balcons ; on en trouvera ſur la *planche* 38e un aſſez grand nombre de goûts différens, & aſſez détaillés pour en choiſir qui conviennent à cette façade.

(*b*) Bien des circonſtances font fumer les cheminées, ſoit leur poſition, ſoit leur devoyement ; ou bien parce qu'elles ſont trop reſſerrées dans leur paſſage des ſolives d'enchevêtrure, & encore par les objets qui les environnent dans leurs parties ſupérieures, &c. Après qu'un bâtiment eſt fini, on s'apperçoit bientôt des cheminées qui fument. Alors, on a recours à un Fumiſte, en lui diſant quels ſont les vents qui occaſionnent la fumée : en y travaillant une ou deux fois, il parvient, pour l'ordinaire, à empêcher la fumée. Voyez ce que nous diſons ci-deſſous à l'occaſion d'une nouvelle conſtruction de cheminée économique, *pl.* 34e.

lit. On obſervera la répétition des glaces, en en plaçant une en face de celle de la cheminée ; on peut auſſi mettre une glace dans le *trumeau* (*a*) entre les croiſées, pourvu que cette glace n'occupe qu'à-peu-près la moitié du trumeau.

Paſſons au cabinet qui eſt éclairé par une croiſée donnant ſur la cour, laquelle croiſée a 3 pieds 3 pouces de large, ſur 5 pieds de hauteur, la cheminée de ce cabinet, ou petite chambre, eſt placée dans un angle, pour donner plus d'aiſance à circuler dans cet endroit ; elle a d'ouverture 2 pieds de large, ſur 2 pieds 6 pouces de haut. On ne peut guere faire de cheminée plus petite. Cette piece n'exige que de la commodité & nullement de la ſymmétrie.

Toutes les ouvertures de ces différentes pieces ſeront fermées par des portes à placard, à double parement.

L'eſcalier eſt éclairé à tous les étages par deux croiſées, chacune de 2 pieds 3 pouces de large, ſur 6 pieds de haut. Cet eſcalier ne doit avoir que de la commodité pour monter & deſcendre, & nullement de la décoration, ainſi que tous les eſcaliers des bâtimens de cette eſpece. Après ce que nous venons de dire, le reſte des étages ne ſera pas difficile à diſtribuer. Nous allons préſentement entrer dans quelques détails ſur la façade.

Le genre de la décoration de la façade de ce bâtiment, ou de tout autre à-peu-près ſemblable, doit être le plus ſimple qu'il ſoit poſſible : il n'y faut que de la régularité & de la ſymmétrie. Si cette facade étoit deſtinée à être exécutée en pierre de taille, il faudroit poſer les aſſiſes de hauteur égale, pour que l'appareil prît la richeſſe de la décoration.

Le rez-de-chauſſée nous préſente deux grandes ouvertures, terminées dans leur partie ſupérieure par une anſe de panier. Au-deſſus eſt un balcon ſoutenu par une vouſſure (*b*), le profil A indique la ſaillie de cette vouſſure, ainſi que la ſaillie des moulures qui l'accompagnent. Le premier étage a deux ouvertures terminées quarrément dans leur partie ſupérieure. Au ſecond étage les ouvertures ſe terminent comme les précédentes, & ne commen-

(*a*) On appelle *trumeau* la maçonnerie entre les croiſées. La proportion des trumeaux avec les croiſées, varie ſelon la diſtribution qu'on doit faire. Mais l'uſage ordinaire eſt de faire les pleins à-peu-près égaux aux vuides.

(*b*) On doit préférer une vouſſure à des conſoles pour éviter les petites parties, lorſque le balcon eſt continu.

cent qu'à 15 pouces au-dessus du carreau. Il y a à chacune un balcon (*a*) de 21 pouces de hauteur, posé sur un appui, & ce dernier soutenu par deux consoles : D, en est le profil en grand. Au-dessus des ouvertures dont nous venons de parler, est une corniche ornée de modillons : B, en représente les profils en grand. Au-dessus de cette corniche est un socle sur lequel commencent les ouvertures du troisieme étage que l'on nomme attique. Il est terminé par une corniche ; & sur la saillie qu'elle forme, est posé un chéneau de plomb, pour conduire les eaux de droite ou de gauche dans un tuyau de descente : C, en représente le profil en grand. Cette façade se termine par la couverture (*b*) : on y a pratiqué deux ouvertures, que l'on nomme *lucarnes*, pour éclairer les greniers. Les cheminées doivent excéder les combles de 3 pieds.

En général les façades sur les rues doivent toujours être montées à *fruit* (*c*) d'une ligne par pied au moins & de 2 au plus. On éleve en dedans à-plomb, en observant toujours la même épaisseur du mur à tous les étages.

On trouvera les mesures & proportions cotées sur *la planche* 21ᵉ, laquelle représente les plans & l'élévation de la maison projettée.

On suppose maintenant qu'un particulier vient d'acquérir un terrein rue saint Honoré, dans l'endroit le plus commerçant. Cet emplacement a 8 toises 4 pieds de profondeur, hors œuvre, sur 15 pieds de face, dans œuvre. Il fait observer que lui & son voisin, à droite, ont des titres pour ne bâtir qu'à la distance de 7 pieds $\frac{1}{2}$ d'une partie du mur mitoyen qui commence à 27 pieds $\frac{1}{2}$ de la face, & qui contient 10 pieds $\frac{1}{2}$ de long, dans laquelle partie se trouve un puits commun. Ce particulier est dans l'intention de faire bâtir sur ce terrein une maison à loyer. Il choisit un Architecte, & lui donne ses intentions dans le programme suivant.

PROGRAMME.

On demande l'élévation de la façade, le plan à rez-de-chaussée, plus celui des entre-sols. La façade sera composée d'un rez-de-chaussée, d'un étage en entre-sol, d'un premier étage, d'un se-

(*a*) Voyez la planche 38ᵉ.

(*b*) Voyez la planche 36ᵉ par rapport a la charpente.

(*c*) C'est-à-dire, en talut du côté du bâtiment ; afin de résister contre la poussée des combles.

cond, d'un troisieme, au-dessus un étage en mansarde & des greniers au dessus.

Le plan à rez de-chaussée sera composé d'une boutique, d'une allée pour communiquer à l'escalier, dans la cour & au cabinet d'aisance, ainsi que pour avoir entrée à trois pieces sur le derriere, qui sont une cuisine, une salle à manger & un cabinet.

Le plan des entre-sols sera composé sur le devant d'une belle chambre, avec lit en niche, & d'une petite chambre, ou cabinet, qui sera éclairé sur la cour: sur le derriere, il y aura une cuisine, une moyenne chambre & une petite. On observera sur le pallier un cabinet d'aisance. Les autres étages seront distribués de même, avec cette différence, qu'il y aura un cabinet d'aisance de deux étages, l'un.

La Planche vingt-deuxieme contient l'élévation de la façade, le plan du rez-de-chaussée & celui des entre-sols.

Il est aisé de voir les notes de renvois, ainsi que les mesures cotées pour les différentes pieces qui composent cette distribution; on a aussi coté les mesures pour l'élévation. Il suffit de jetter les yeux sur cette planche, pour voir la marche que l'on a tenue afin de remplir les conditions énoncées dans le *programme.*

Nous allons entrer dans quelques détails pour la distribution des marches de l'escalier, comme nous l'avons promis ci-devant.

Le sol de l'allée est élévé 6 pouces au-dessus de celui de la rue. On y monte une premiere marche pour entrer dans l'allée: puis 3 autres avant d'arriver à l'escalier. Ces marches ont chacune 6 pouces de haut & 1 pied de large. Par dessous l'escalier, on parvient dans la cour, &c.

Nous avons maintenant 10 pieds à monter pour arriver aux entresols. Dans la position de l'escalier, qui ne peut être tourné autrement, il faut monter ces 10 pieds dans un seul tems. Nous avons donc 13 pieds à parcourir sur la ligne ponctuée au mileu des marches; mais il ne sera pas difficile de connoître le nombre des marches qu'il faudra, ainsi que leur hauteur & leur largeur; si on se ressouvient de ce qui a été dit à la page 47e concernant les escaliers. 10 pieds à monter font 20 à marcher de niveau, plus 13 pieds à parcourir font 33 pieds, qui étant divisés par 2 pieds, pas ordinaire de niveau, donne 16 $\frac{1}{2}$: & par les raisons que nous avons dites à la page 47e nous compterons 17 marches: or divisant 10

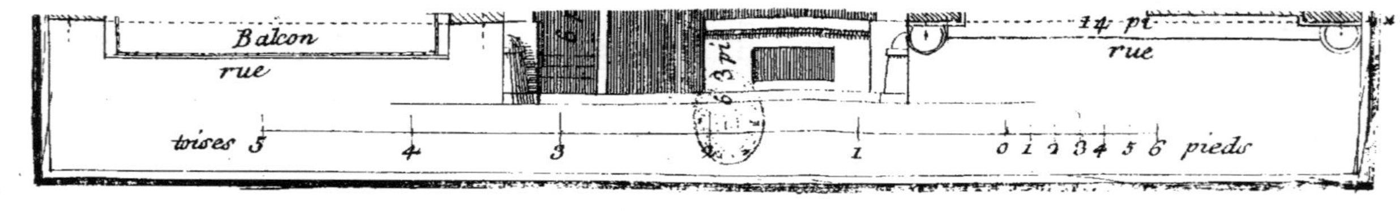
Balcon
rue
14 pi
rue
6 3 pi
toises 5 4 3 1
0 1 2 3 4 5 6 pieds

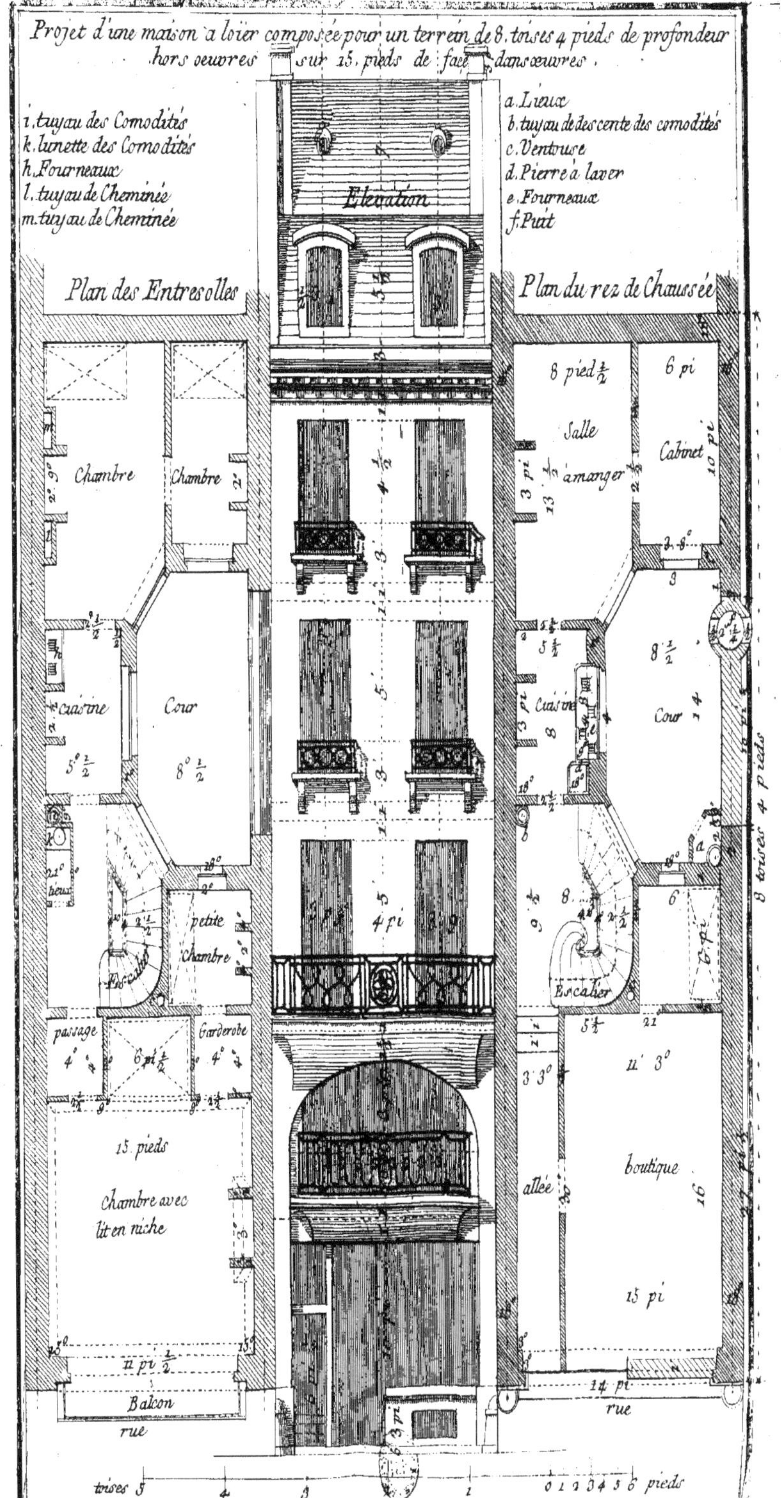
Projet d'une maison à loüer composée pour un terrein de 8. toises 4 pieds de profondeur hors oeuvres sur 15. pieds de face dans œuvres.
i. tuyau des Comodités
k. lunette des Comodités
h. Fourneaux
l. tuyau de Cheminée
m. tuyau de Cheminée
a. Lieux
b. tuyau de descente des comodités
c. Ventouse
d. Pierre à laver
e. Fourneaux
f. Puit
Elevation
Plan des Entresolles
Plan du rez de Chaussée
Chambre
Chambre
Cuisine
Cour
petite chambre
Escalier
passage
Garderobe
15. pieds
Chambre avec lit en niche
Balcon
rue
Salle à manger
Cabinet
Cuisine
Cour
Escalier
allée
boutique
15 pi
14 pi
rue
8 toises 4 pieds
toises 5 4 3 1
0 1 2 3 4 5 6 pieds

pieds, ou 120 pouces par 17, on aura 7 pouces, plus $\frac{1}{17}$ pour la hauteur de chaque marche. Pour trouver la largeur, il faut faire cette proportion : si 16 marches (*a*) donnent 13 pieds à parcourir, combien 1 marche ? On trouvera 9 pouces 9 lignes pour la largeur de chaque marche ; portant cette mesure 16 fois sur la ligne ponctuée, on aura le nombre de marches qui convient pour la partie d'escalier depuis le rez-de-chaussée jusqu'aux entre-sols.

On procédera de même pour trouver la partie de l'escalier, depuis l'entre-sol jusqu'au premier étage.

Il y a 9 pieds à monter, qui font 18 pieds à marcher de niveau, plus 11 pieds à parcourir font 29 p., qui étant divisés par 2 pieds on aura 14 $\frac{1}{2}$: comptons 15 marches : divisant 9 pieds, ou 108 pouces par 15 ; on aura 7 pouces 2 lignes plus $\frac{2}{5}$ pour la hauteur de chaque marche. Pour en avoir la largeur on fera cette proportion, si 14 marches donnent 11 pieds à parcourir, combien donnera une marche ? On trouvera 9 pouces 5 lignes, plus $\frac{1}{7}$ pour la largeur de chaque marche. Portant cette mesure 14 fois sur la ligne ponctuée au milieu des marches, vous aurez la distribution des marches demandée pour cette partie de l'escalier. Comme il y a une petite différence entre les marches de la premiere partie & celles de la seconde, il faudra faire attention que cette différence ne soit jamais considérable : on en sauvera, pour ainsi dire, la différence par la saillie du quart de rond, en donnant 1 pouce $\frac{1}{2}$ de saillie à celle de la premiere partie, & 1 pouce $\frac{3}{4}$ à celle de la seconde, comme étant un peu plus étroite. Nous croyons en voir assez dit sur les escaliers, pour qu'on puisse distribuer les marches sans aucun autre exemple.

De la distribution des Jardins à la Campagne.

La distribution des jardins dépend beaucoup de la situation du lieu, de la régularité ou de l'irrégularité du terrein, tant par sa forme que par les inégalités de sa surface. Ces différentes considérations donnent lieu à l'Architecte de déployer son génie, pour distribuer un jardin avec goût & avec intelligence.

On commence d'abord à chercher la position du principal corps

(*a*) On ne compte pas la marche *palliere*.

de logis, dont la grandeur & la profondeur seront relatives aux besoins de celui qui fait bâtir. On le disposera le plus avantageusement possible, tant pour la facilité des avenues qui y conduisent, que pour les différens points de vue que la campagne offre dans ses environs; comme par exemple, une ville, un bourg, une tour, un clocher, une riviére &c. &c. : afin de les avoir en face du principal corps de logis, ou sur le côté, ou en diagonale. Après avoir choisi le lieu du principal bâtiment, on disposera convenablement ou d'autres bâtimens, ou des terrasses, ou des murs de clôture de droite & de gauche, pour former une cour principale, des basse-cours & une avant-cour selon que les besoins l'exigent. Les potagers, les vergers ou les quinconces d'arbres fruitiers ne doivent point être éloignés de la maison; mais toujours situés sur un bon terrein, un peu en pente au levant, & au midi.

Si aux environs des bâtimens le terrein n'est pas tel qu'on le demande, & qu'on ne veuille pas en faire la dépense, on cherchera des endroits plus convenables un peu plus loin.

Les serres, les orangeries doivent être disposées convenablement pour leur utilité. Sur les côtés du principal corps de logis on distribue des bosquets, avec différentes salles & cabinets, des niches pour y recevoir des figures & des enfoncemens pour des bancs. Les massifs des bois doivent être récepés par dessus, pour laisser jouir de la vue : une partie de ces massifs les plus près de la maison, se font quelquefois avec des pommiers sur paradis fermés & bordés par des treillages, ou avec des arbrisseaux de même nature, taillés en éventail.

En face du bâtiment d'habitation, on formera une grande esplanade pour y recevoir un parterre orné de plate-bandes de fleurs. Cet espace doit être proportionné à la grandeur du bâtiment, en face duquel sera une allée égale en largeur à la maison jusqu'à l'extrêmité du terrein. Cette largeur est comptée du devant des deux premiers rangs d'arbres. Cette percée est appellé *maîtresse-allée* : elle doit être accompagnée sur les côtés par des contre-allées, & après celle-ci par de petites (*a*). Les contre-allées doivent avoir une proportion avec la maîtresse-allée : on doit leur donner la moitié,

(*a*) Les petites allées sont faites pour séparer les arbres d'avec les massifs des bois. Elles doivent avoir 3 pieds au moins & 6 pieds au plus.

le tiers, ou le quart de celle-là, &c. afin que les arbres puissent s'aligner en tout sens. La maîtresse-allée doit être à ciel ouvert, & être tondue tous les ans en palissade. Les arbres de l'un à l'autre doivent former arcades ou faire rideau.

Les contre-allées doivent être couvertes : elles doivent avoir de largeur, pour l'ordinaire, depuis 9 pieds jusqu'à 18 ; afin de jouir plus promptement du couvert. On fait encore plusieurs maîtresses-allées, soit perpendiculairement sur celle qui est en face du bâtiment, soit paralleles ou obliques, selon les différens cas qui l'exigent. On n'est pas obligé de les faire de même largeur que celle de face. Toutes ces maîtresses-allées sont en tapis de gazon, & les contre-allées blanches ou sablées. Quand c'est un terrein gras, on aime mieux marcher sur le gazon que sur la terre; c'est pourquoi on se contente de blanchir les petites allées auprès des massifs des bois, à 3 pieds de droite & de gauche des rangs d'arbres, & tout le reste est en gazon.

Après avoir distribué des maîtresses-allées, des contre-allées & de petites, comme nous venons de le dire ; on dispose des places sur la ligne du milieu de ces maîtresses-allées, pour y former de grandes salles de verdure, en boulingrins, ou en vertugadins. Ces salles prendront leur nom, soit de leur forme ou de l'espece d'arbres dont elles seront décorées, ou enfin des différentes figures des Dieux de la fable qui en feront l'ornement. Des centres de ces différentes salles, on tracera des allées paralleles & obliques sur les maîtresses allées : il y en aura qui seront couvertes par les massifs des bois & formeront berceau : d'autres seront à ciel ouvert & tondues en palissade, afin d'avoir du soleil dans les unes, & de l'ombre dans les autres. Ces allées doivent avoir de largeur pour l'ordinaire depuis 6 pieds jusqu'à 12.

On pratique dans les massifs formés par la distribution de ces allées, des salles en cloître, des salles en quinconce, des galleries de verdure, des labyrinthes, des jeux d'oye, des escarpolettes, des tapes-culs, des jeux de bague, des théâtres de verdure, &c. &c, avec des niches pour des figures, & des enfoncemens pour des bancs : on y pratique aussi des bosquets. Toutes ces différentes salles & bosquets doivent être accompagnés de faux-fuyans, en serpentant & se tortillant de droite & de gauche, qui conduisent à des cabinets formant cul-de-sac; il suffit de donner 4 pieds de large pour ces différens serpentaux, qui seront couverts par les massifs des bois.

Dans les endroits où l'on a de l'eau commodément, on construit des pieces d'eau, des bassins, des fontaines, des théâtres d'eau, des grottes, des rocailles, & cela selon la nature du lieu. On fait faire à ces eaux des bouillons, des champignons, des jets, des cascades & nappes d'eau, &c. &c, qui rendent agréables les différens aspects du lieu par leur murmure, & la verdure des bois.

On fait aussi des terrasses soit en pierre ou en gazon; ainsi que des talus & des pentes douces, selon la nature du terrein. On forme aussi différens points de vue, en construisant à quelques-uns des angles du pourtour un Kiosque, ou un pavillon Chinois, ou des pavillons & berceaux de treillages, &c. &c. Tous ces différens objets procurent de la variété, & engagent la compagnie à la promenade.

Rarement trouve-t-on toutes les parties que nous venons de citer dans le même endroit; cela ne se voit guere que dans les jardins des Souverains & des grands Princes, tels que les jardins de Versailles, de Marly, de Sceaux, &c.

La Planche vingt-troisieme offre un exemple de distribution de jardins, dans un terrein irrégulier, contenant environ 11 arpens, mesure de Paris.

On suppose ce terrein situé à une lieue de la Capitale. Le principal bâtiment est un pavillon quarré, isolé de toute part, ayant 7 toises de face. Il suffit de jetter les yeux sur cette planche, pour y remarquer les différens objets expliqués par des notes de renvois. Il est aisé de voir l'exposition du terrein par le moyen de la boussole. Les différentes mesures se trouveront en se servant de l'échelle.

La Planche vingt-quatrieme contient la distribution du plan à-rez-de-chaussée, d'un pavillon de 7 toises de face; élevé sur une terrasse de 4 pieds de hauteur, entouré d'une balustrade, avec deux perrons pour monter & descendre.

Les murs de face ont 2 pieds 6 pouces d'épaisseur. Il y a du côté de l'entrée & de celui des jardins trois portes formant croisées de chacune 5 pieds de large, & sur les deux autres côtés trois croisées de chacune 4 pieds de large.

La piece A est un vestibule de 13 pieds sur 14, ayant 2 pans coupés dans deux angles opposés, dont un produit par le tuyeau e de

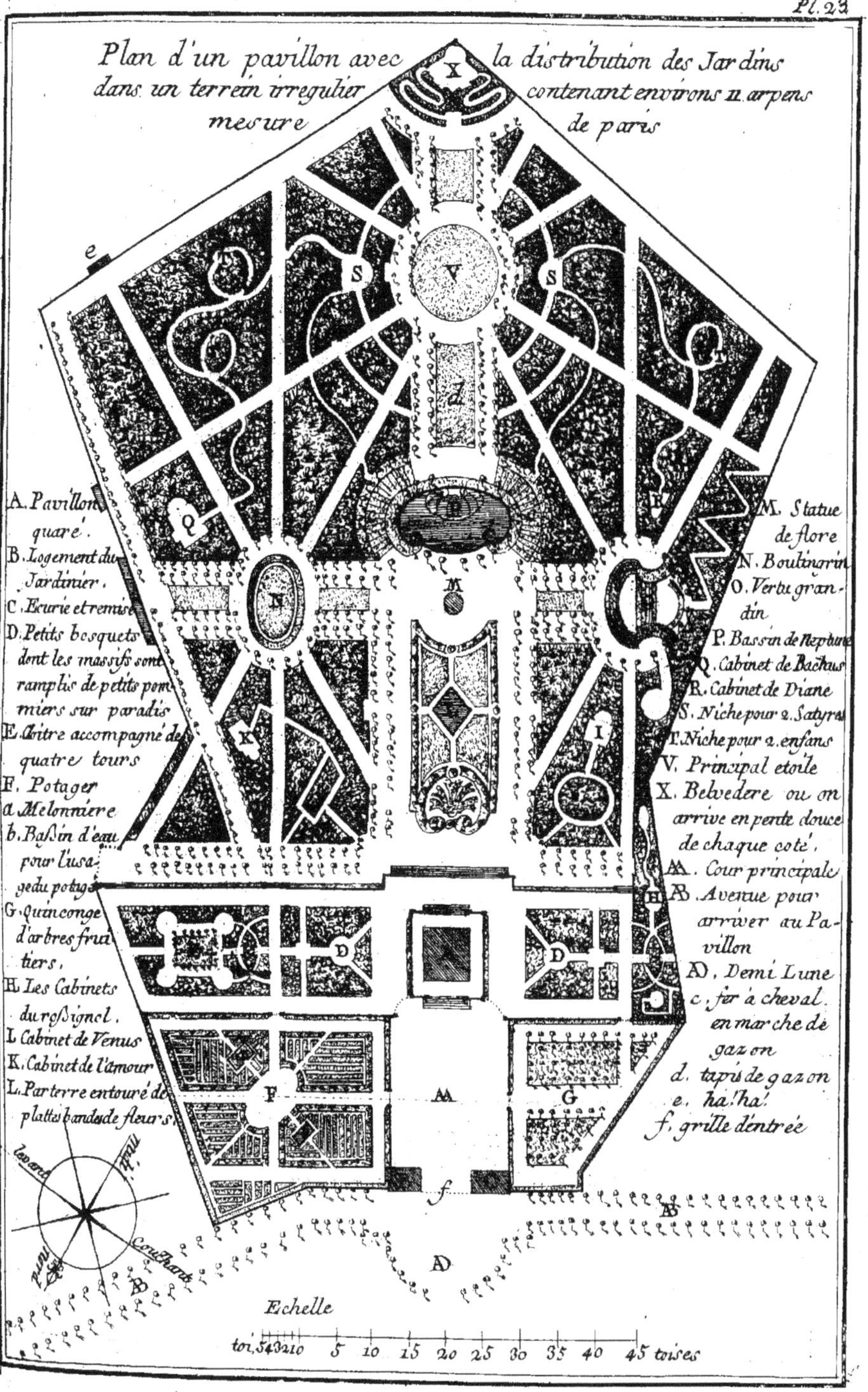
Plan d'un pavillon avec la distribution des Jardins dans un terrein irregulier contenant environs II. arpens mesure de paris
A. Pavillon quaré.
B. Logement du Jardinier.
C. Ecurie et remise
D. Petits bosquets dont les massifs sont ramplis de petits pommiers sur paradis
E. Cloitre accompagné de quatre tours
F. Potager
a. Melonniere
b. Bassin d'eau pour l'usage du potager
G. Quinconge d'arbres fruitiers.
H. Les Cabinets du rossignol.
I. Cabinet de Venus
K. Cabinet de l'amour
L. Parterre entouré de plattes bandes de fleurs.
M. Statue de flore
N. Boulingrin
O. Vertugrandin
P. Bassin de Neptune
Q. Cabinet de Bachus
R. Cabinet de Diane
S. Niche pour 2. Satyres
T. Niche pour 2. enfans
V. Principal etoile
X. Belvedere ou on arrive en pente douce de chaque coté.
AA. Cour principale
AB. Avenue pour arriver au Pavillon
AD. Demi Lune
c. fer à cheval en marche de gazon
d. tapis de gazon
e. ha! ha!
f. grille d'entrée
levant
midi
couchant
nord
Echelle
toi. 5 4 3 2 1 0 5 10 15 20 25 30 35 40 45 toises

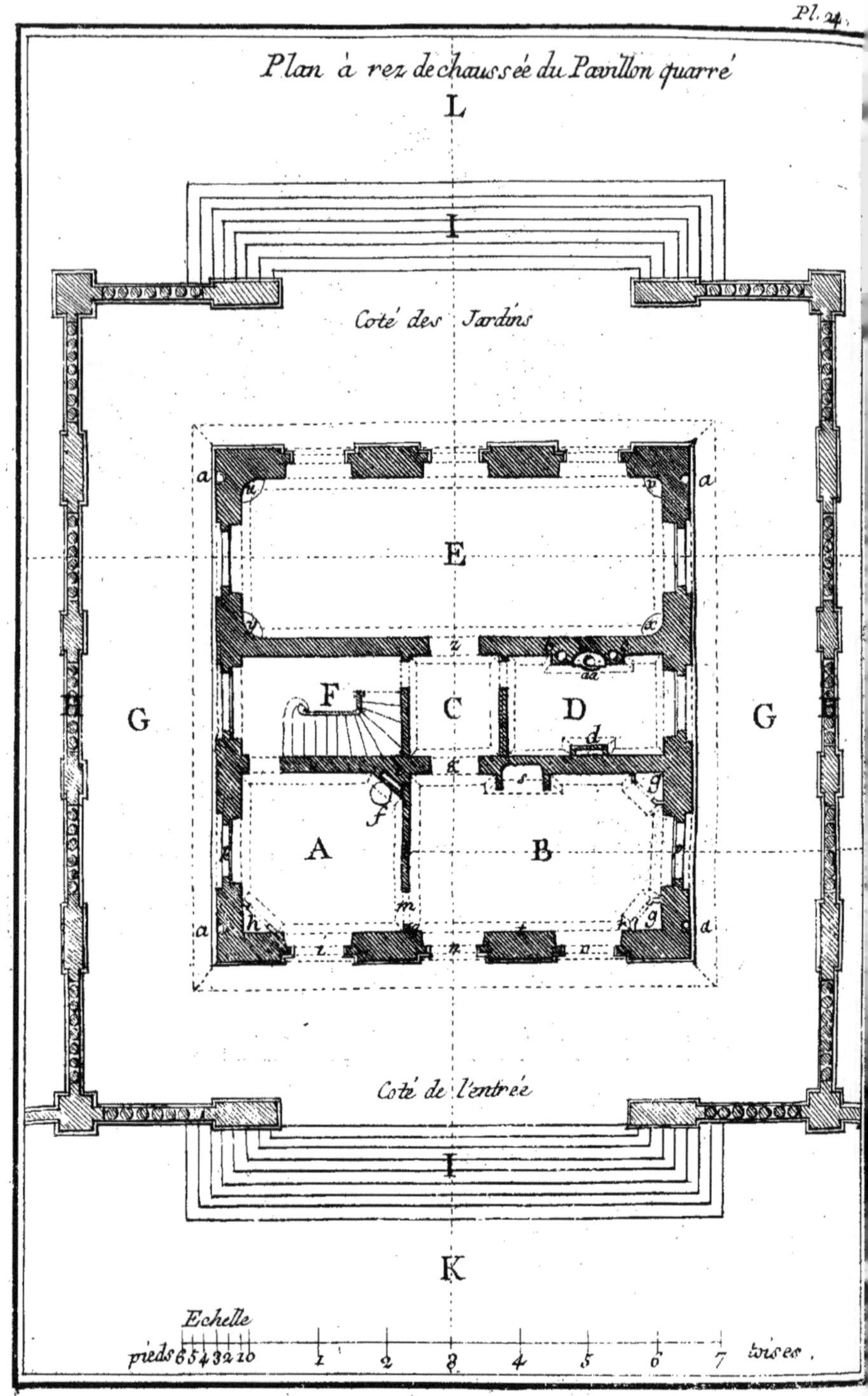
Plan à rez de chaussée du Pavillon quarré
L
I
Coté des Jardins
E
F
C
D
G
G
A
B
Coté de l'entrée
I
K
Echelle
pieds 6 5 4 3 2 1 0
1 2 3 4 5 6 7
toises.

de la cheminée de la cuisine qui est dans les souterreins, & l'autre formé par l'armoire *h*. Ce vestibule est éclairé par une porte faisant croisée *i*, & par une croisée *k*. Cette piece sera échauffée dans l'hiver par un poële *f* : elle n'exige point de décoration, & doit être la plus simple possible. Cette piece est séparée de la piece B par une cloison *l* de six pouces d'épaisseur. On y entre par la porte *m*, qui a 2 pieds 9 pouces de large & un seul ventail à double parement. Cette piece B servira de salle à manger : elle a 13 pieds de large sur 22 pieds ½ de long. Elle sera éclairée par deux portes faisant croisées *n*, *o*, & par la croisée *p*. On a pratiqué aux angles *g* des armoires en retour d'équerre & à pan coupé ; afin d'avoir les écoinçons *q* & *r* égaux : ces armoires sont d'une grande utilité pour une piece de cet usage. La cheminée *s* est en face du trumeau *t* ; elle a trois pieds 9 pouces de large, sans compter les jambages.

Le passage C éclairé par 2 dessus de porte *z* & *&* de gaze peinte, conduit dans la piece E, qui est une espece de galerie (*a*). Cette piece a 37 pieds de long sur 13 pieds de large. Elle est éclairée par trois portes faisant croisées & donnant sur les jardins, & par une croisée à chaque bout. Les quatre angles *u*, *r*, *x*, *y*, sont arrondis pour recevoir des figures sur des piédestaux. Vis-à-vis les portes croisées de cette salle, on mettra des glaces pour faire symmétrie avec ces portes. Cette piece est parfaitement réguliere. Les portes *z* & *&* auront 4 pieds ¼ de large, & ouvriront à deux ventaux ; la derniere sera faite à double parement, & l'autre n'aura qu'un parement, & du côté de la piece répétera avec des glaces la porte croisée de face. La piece D contient des lieux à l'Angloise. Au-dessus en entre-sol, est une chambre pour un Domestique : on y entre du premier étage par un petit escalier, ou échelle de meûnier. *b* ventouse : *c* tuyau, provenant des lieux de l'étage au-dessus : *aa* siege des lieux à l'Angloise : *d* tuyau d'une cheminée provenant des souterreins : F escalier. Les lignes ponctuées au pourtour des différentes pieces, expriment la saillie des corniches, ainsi que dans le pourtour extérieur du pavillon. G terrasse au pourtour du pavillon : H balustrade : I perrons, K L enfilade du milieu du pavillon : *a* tuyau de descente pour les eaux provenant des combles

(*a*) La proportion pour les galeries est de leur donner en longueur 4 fois au moins leur largeur, & 9 fois au plus.

du pavillon. Les murs de refend ont 18 pouces d'épaisseur.

Comme chaque piece doit avoir une hauteur proportionnée à sa longueur & à sa largeur, il faut considérer dans ce plan les trois pieces principales pour leur grandeur A, B & E, lesquelles doivent commander toutes les autres. Mais comme les dimensions de ces pieces sont différentes, & que cependant elles doivent être fixées sous une hauteur commune, on se conduira de cette sorte : on prendra la moitié de la diagonale de chaque piece, qui devroit donner sa hauteur, selon la regle ordinaire : on ajoutera ces quantités ensemble ; puis on en divisera la somme par le nombre des pieces principales qui doivent commander les autres, & qui sont ici au nombre de trois : la moitié de la somme des diagonales de ces 3 pieces, est 42 pieds ; qui étant divisés par 3, donnent 14 pieds pour la hauteur commune, sous plancher.

Voici ce qu'il en résultera : la piece A sera trop haute pour sa longueur & sa largeur : la piece B se trouvera à-peu-près bien proportionnée, & la piece E sera trop basse. Mais il y a moyen d'adoucir un peu à l'œil ces défauts inévitables, & de faire paroître ces pieces à-peu-près dans leurs proportions ordinaires. La piece A aura une corniche d'un pied de hauteur, & au-dessus une calotte de 3 pieds de haut. La piece B aura une corniche de deux pieds de hauteur. La piece E aura une corniche de 9 pouces de haut, & qui s'étendra beaucoup sur le plafond : outre cela, elle sera peinte de la couleur du lambris. Voilà comme il en faudra user pour toutes les pieces d'une enfilade, lorsqu'elles seront soumises à une hauteur commune, sans répéter toujours des calottes pour celles qui seront trop hautes, ou des corniches simplement plates pour celles qui seront trop basses : cela dépend du génie de l'Architecte, qui doit jetter de la variété & dans les formes des pieces & dans leur décoration. On peut faire des entablemens composés, décomposés, des corniches en gorges, &c. &c. On peut dire que ces différentes parties procureront beaucoup de variété pour chaque piece ; & par là on évitera la monotonie qui est un défaut insupportable.

La Planche vingt-cinquieme contient le plan du premier étage avec celui des galetas. Les notes de renvois se trouvent sur la même planche, pour l'explication de chaque chose.

Quant à la hauteur commune des pieces, on doit considérer les deux pieces F & C comme celles qui doivent commander les autres. On prendra la moitié de chaque diagonale de ces deux

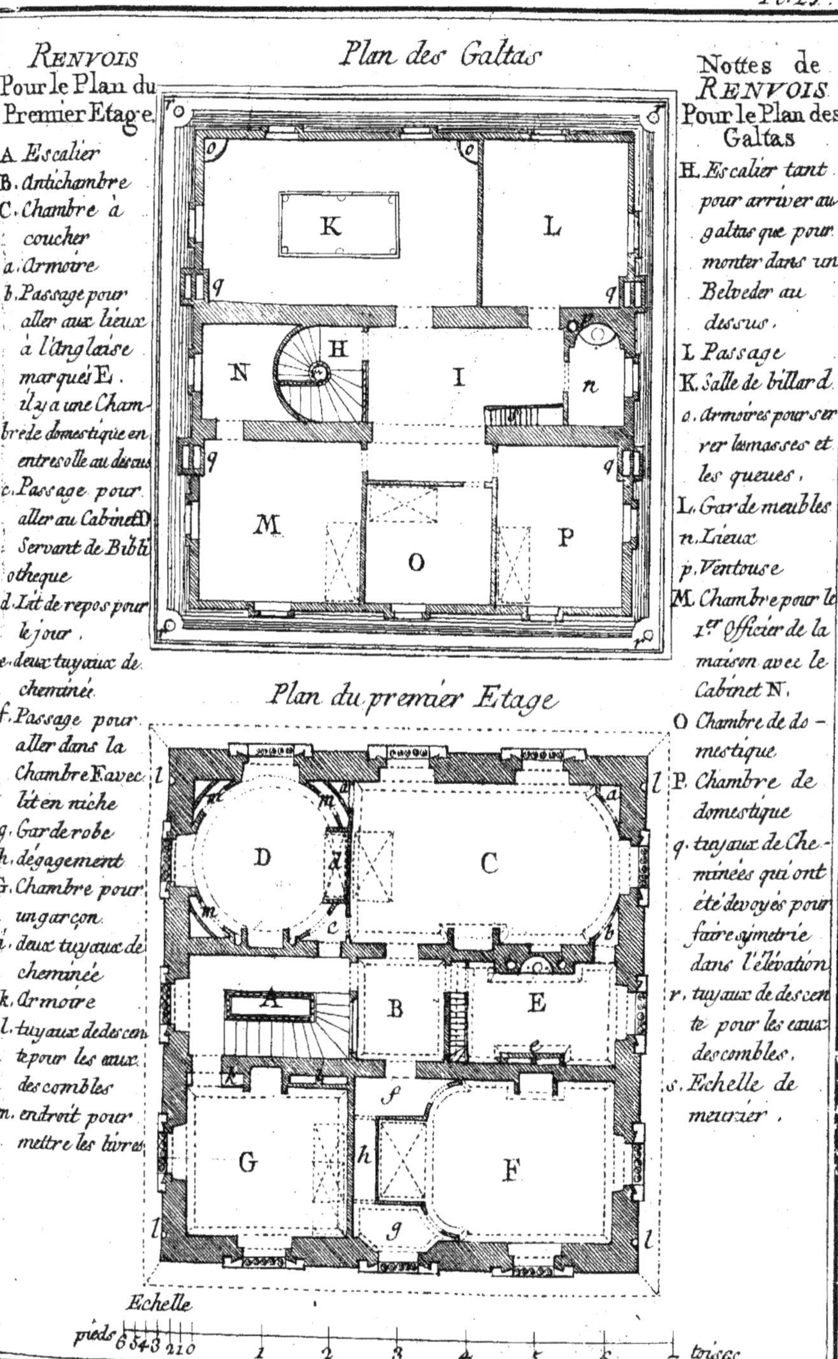
RENVOIS
Pour le Plan du Premier Etage.
A. Escalier
B. Antichambre
C. Chambre à coucher
a. Armoire
b. Passage pour aller aux lieux à l'anglaise marqués E. il y a une Chambre de domestique en entresolle au dessus
c. Passage pour aller au Cabinet D Servant de Bibliotheque
d. Lit de repos pour le jour.
e. deux tuyaux de cheminée.
f. Passage pour aller dans la Chambre F avec lit en niche
g. Garderobe
h. dégagement
G. Chambre pour un garçon.
i. deux tuyaux de cheminée
k. Armoire
l. tuyaux de descente pour les eaux des combles
m. endroit pour mettre les livres
Plan des Galtas
K
L
H
N
I
n
M
O
P
Plan du premier Etage
D
C
A
B
E
G
F
Echelle
pieds 6 5 4 3 2 1 0
1 2 3 4 5 6 7 toises
Nottes de RENVOIS
Pour le Plan des Galtas
H. Escalier tant pour arriver au galtas que pour monter dans un Belveder au dessus.
I. Passage
K. Salle de billard.
o. Armoires pour serrer les masses et les queues.
L. Garde meubles
n. Lieux
p. Ventouse
M. Chambre pour le 1er Officier de la maison avec le Cabinet N.
O. Chambre de domestique
P. Chambre de domestique
q. tuyaux de Cheminées qui ont été devoyés pour faire symetrie dans l'élévation.
r. tuyaux de descente pour les eaux des combles.
s. Echelle de meurier.

fig. 9
fig. 7.
fig. 8
fig. 4
fig. 5
fig. 6.
fig 1.
fig. 2.
fig. 3

pieces, leur somme fait 24 pieds, qui, étant divisés par deux, nombre des pieces qui commandent, donneront 12 pieds sous plancher pour la hauteur commune des différentes pieces qui composent le plan du premier étage, excepté la piece E, où il y aura une piece au-dessus en entre-sol : on y arrivera du plan des galetas par une échelle de meûnier. Comme les pieces F, G & D se trouveront un peu trop hautes par rapport à leur grandeur, & que la piece C se trouvera un peu trop basse, on en usera ainsi qu'il a été dit ci-devant à la page 58ᵉ.

La planche vingt-sixieme contient plusieurs croisées de genre différent.

Pour déterminer le bombement d'une croisée, *figure premiere*, il faut faire *a b* égal à une fois & demie la largeur de la croisée. Puis du point *b* comme centre, on décrira l'arc *c a d*. Quant à la proportion de la croisée, elle variera selon les différens ordres d'Architecture, ou leurs expressions. On aura cependant attention de mettre un huitieme de moins lorsqu'il y aura un appui évidé par une balustrade, comme dans cet exemple (*a*); & la proportion commencera du dessus de l'appui. *Voyez la proportion assignée pour les ouvertures*, *page* 27ᵉ. Si au contraire l'appui étoit un balcon, il n'y auroit rien à changer à la proportion; mais elle commenceroit du bas du balcon. Cette ouverture *a*, *b* est enrichie d'un *chambranle e*, d'un *contre-chambranle f*, de deux *crossettes g*, d'une *agraffe h*, d'une corniche *i*, avec astragale & congé *k* au-dessus.

Le chambranle *e* doit avoir de large la sixieme partie de l'ouverture. Le contre chambranle *f* doit avoir de largeur la moitié du chambranle. Le chambranle & le contre-chambranle doivent avoir de saillie, chacun le quart de la largeur du chambranle. Les crossettes *g* doivent avoir de hauteur, le quart de la hauteur du contre-chambranle; & de saillie, la moitié de la largeur. La corniche *i* doit être égale à deux largeurs de chambranle, compris l'astragale. Le congé *k*, doit être égal à une largeur de chambranle. L'agraffe *h*, dans sa partie inférieure, doit être égale à une largeur de chambranle.

L'ouverture, *figure deuxieme*, est enrichie d'un chambranle *l*, d'un arriere-chambranle *m*, avec *consoles n*; d'une frise *o*, d'une corniche *p*, & d'un fronton *q*.

Le chambranle *l* & l'arriere-chambranle *m* doivent avoir cha-

---

(*a*) Voyez la proportion des balustres, page 25ᵉ.

cun, de largeur, la sixieme partie de l'ouverture ; & leur saillie doit être égale au quart de leur largeur.

La frise *o*, la corniche *p* & *q* doivent être égales à une largeur & demie de chambranle. Les consoles *n* doivent être égales chacune à la cinquieme partie de la hauteur de l'arriere-chambranle. Quant à la proportion du fronton, *voyez à la page 36e*.

L'ouverture, *figure troisieme*, est enrichie de chaque côté d'un pied-droit *r*, d'un double pied-droit *s*, avec consoles *t*, impostes *v*, archivoltes *u*, clef en console *x*, corniche *y*, astragale & fronton.

Le pied-droit *r*, l'imposte *v*, l'archivolte *u*, & la partie inférieure de la clef, toutes ces différentes parties doivent avoir chacune, de largeur, la sixieme partie de l'ouverture. Le double pied-droit *s*, doit être égal à la largeur du pied-droit *r*, plus $\frac{1}{4}$: la saillie du double pied-droit *s* & de l'imposte *v*, doit être égale au tiers du pied-droit *r*. La console *t* doit avoir de hauteur, la cinquieme partie du double pied-droit. La corniche *y* doit avoir de hauteur deux largeurs du pied-droit *r*, compris l'astragalle, jusqu'à la ligne ponctuée sur le tympan du fronton.

La figure quatrieme est une lucarne bombée : sa largeur doit être d'un sixieme moindre que l'ouverture au-dessous (*a*). Elle doit avoir de proportion pour hauteur 1 fois $\frac{1}{2}$ sa largeur. Elle est ornée d'un chambranle *a*, d'un contre-chambranle *b*, formant empatement par en bas, & crossette par en haut. Elle est couronnée par une cymaise *c*. *Voyez ce que nous avons dit ci-devant pour les chambranles, contre-chambranles & crossettes, page 59e*. La saillie de l'empatement doit être égale au chambranle, plus le contre-chambranle ; & la cymaise *c* doit être égale au chambranle.

La figure cinquieme est une lucarne quarrée, entourée d'un cadre *d*, d'un arriere-cadre *e*, avec crossettes par en haut & par en bas. Elle est couronnée par un fronton triangulaire. La proportion du vuide de cette lucarne, pour la hauteur, doit être égale à la diagonale du quarré fait sur le petit côté.

Pour la proportion du cadre *d*, de l'arriere cadre *e* & des crossettes, *voyez à la page 59e ce qui a été dit pour les chambranles, contre-chambranles & les crossettes*. La corniche *f* doit être égale au cadre *d* ; plus à l'arriere-cadre *e*.

(*a*) En général, les lucarnes ne doivent pas excéder les cinq sixiemes des croisées du dessous.

La figure sixieme est une autre lucarne, enrichie d'un chambranle *g*, accompagnée d'un champ *h*, d'un pied-droit *i*, formant empatement, ayant dans sa partie supérieure une console *k*. Cette lucarne est couronnée d'une corniche demi-circulaire *l* avec retour.

Pour la proportion du vuide, cette lucarne doit avoir pour hauteur une fois & 3 quarts sa largeur. Le chambranle *g* est la huitieme partie de l'ouverture ; & sa saillie, le quart de sa largeur. Le champ *h* doit avoir la moitié de la largeur du chambranle *g*. Le pied-droit *i* doit être égal au chambranle *g*, plus le champ *h* : sa saillie doit être égale au quart de sa largeur : la saillie & la hauteur de l'empatement doivent être égale à la largeur du pied-droit *i*. La console *k* doit avoir de hauteur, le quart de la hauteur du pied-droit. La hauteur de la corniche *l* doit être égale à la largeur du pied-droit.

La figure septieme est une lucarne en *mesanine*, sa proportion est d'avoir pour hauteur les $\frac{2}{3}$ de sa largeur. Le cadre *m* est égal à la sixieme partie de la largeur du vuide. L'arriere-cadre *n* est égal à la moitié du cadre *m*. La saillie du cadre est égale au quart de sa hauteur. La plinthe *o* est égale au cadre *m*, plus $\frac{1}{4}$. La hauteur de la couverture *p*, est égale au quart de la longueur de la plinthe *o*.

La figure huitieme est un *œil de bœuf ovale*. La proportion de sa largeur à sa hauteur est comme 3 à 4. Le cadre *q*, au pourtour, est égal à la sixieme partie de la largeur du vuide, & sa saillie au quart de sa largeur. Le champ *r* est égal à la moitié du cadre *q*. La corniche *s* est égale au cadre *q*, plus le champ *r*. Le socle *t*, avec le listeau, est égal à la corniche *s*. La ligne *v u*, est égale à deux fois la largeur du vuide. L'empatement *x* est égal à la moitié de la largeur du vuide, ainsi que la hauteur de la crossette *y*, & sa saillie égale à celle du chambranle.

La figure neuvieme, est un œil de bœuf circulaire. Le cadre *a* est égal à la huitieme partie du diametre : le champ *b*, est égal au cadre *a* : la corniche *c*, est égale au cadre *a*, plus la moitié : le rayon *d e*, est égal aux $\frac{3}{4}$ du diametre de l'œil de bœuf : le rayon *f g* est égal aux $\frac{5}{8}$ du diametre ; le rayon *h i* est égal aux $\frac{3}{8}$ du diametre.

Les profils des corniches & cymaises qui ornent ces différentes croisées, sont tirés d'après les profils des corniches des piédestaux des différens ordres d'Architecture de notre *premiere Partie*.

Les profils des chambranles & des cadres sont également pris d'après les profils des architraves des différens ordres d'Architecture de notre *premiere Partie*.

La Planche vingt-septieme contient l'élévation du pavillon quarré de sept toises de face. La coupe sur la ligne L K , & les profils en grand des corniches extérieures & intérieures.

Dans la décoration de cette façade, nous n'avons point mis d'ordre d'Architecture ; mais nous avons retenu l'expression de l'ordre Ionique. C'est pourquoi la proportion des ouvertures est puisée dans celle de cet ordre , ainsi que les profils des corniches & des balustrades, &c. A peron de 9 marches, chacune de 6 pouces de hauteur. B balustrade de 3 pieds de hauteur , avec des piedesteaux portant des figures. C portes croisées avec niche quarrée. D trumeau. E encoignure. Il est à propos que l'encoignure soit un peu plus large que le trumeau, ou au moins égale, & jamais plus étroite. F plinthe dont le dessous est élevé du sol des pieces de 14 pieds : sa hauteur est la douzieme partie de 14 pieds, par conséquent 14 pouces. *a* socle de même hauteur que la plinthe F. G balustrade de 2 pieds 9 pouces de hauteur. H socle de même hauteur. I croisées attiques, ornées d'un chambranle, d'un contre-chambranle, d'une corniche & congé au-dessus : le tout renfermé dans une niche quarrée. K trumeau. L encoignure, la hauteur des trumeaux K, & des encoignures L, à prendre du dessus du socle H , jusqu'au dessous de l'astragale , est égale aux deux tiers de la hauteur du trumeau D, partant du dessus du socle *a* , jusqu'au-dessous de la plinthe F. M corniche avec gorgerin & astragale , laquelle a de hauteur la dixieme partie à prendre depuis le sol des pieces, jusqu'au dessous de l'astragale de la corniche M : N en est le profil en grand. O cheneau égal au tiers de la corniche M. P lucarne en mésanine. Q cheminées. R belveder dans le goût Chinois. *r* est le profil en grand de la corniche.

Détails de la coupe.

S, les souterreins. *m* porte qui répond au plan du rez-de-chaussée de la piece B. *l* surface de la cloison. T profil en grand de la corniche de la piece B , elle a deux pied de hauteur. V profil en grand de la corniche de l'intérieur C : elle a trois pieds de hauteur. U profil en grand de la corniche de l'intérieur E : elle a 9 pouces de hauteur. *n* surface de la cloison de la piece C, (*plan du premier étage*) *r*, profil en grand de la corniche de cette piece, elle a 15 pouces de hauteur. *o*, répond au passage B du même étage.

Coupe sur la ligne L.K. en regardant du coté de léscalier
Elevation du pavillon quarré de 7 toi. de face
toises
0 1 2 3 4 5 6 pieds

q, chambre de domestique qui répond à la piece O, du plan des galetas. *s* escalier à vis & à jour pour monter au belveder *t* ; *u* billard qui répond à la piece K du même plan. *v*, cheminées.

De la décoration intérieure en Menuiserie.

Le bois que l'on emploie ordinairement pour la menuiserie, est de chêne de la meilleure qualité, sec au moins de cinq ans, de droit-fil, c'est-à-dire, sans nœuds ni aubier. Le plus beau bois vient dans les terres fraîches, quand elles sont un peu sablonneuses.

Les principaux ouvrages de menuiserie, qui entrent dans les bâtimens, sont les *portes*, les *croisées*, les *lambris*, les *cloisons*, le *parquet* & les *bas de cheminées*, &c.

Des portes unies, & à placard.

Dans un bâtiment, pour peu qu'il soit considérable, on fait des portes de diverses manieres, & de diverses formes. Il y en a de grandes, de moyennes & de petites.

Les petites portes sont pour les passages, les dégagemens, lieux communs & autres, où il n'est pas besoin d'ornement. On fait des portes depuis 2 pieds jusqu'à 2 pieds ½, sur 6 pieds ½ de hauteur. Elles doivent avoir depuis 1 pouce jusqu'à 15 lignes d'épaisseur, & être arasées, collées & emboitées par haut & par bas.

Les portes moyennes, sont pour des chambres que l'on fait dans un attique, ou un étage en mansarde. On leur donne ordinairement depuis 2 pieds ½, jusqu'à trois pieds de large, sur sept pieds de hauteur : on les fait d'assemblage. On donne aux battans 1 pouce ½ d'épaisseur, dans lesquels on fait des deux côtés une moulure en forme de cadre, & une autre moulure au bord extérieur du côté où elles ouvrent. Les panneaux doivent avoir 1 pouce d'épaisseur, & sont aussi ravalés. On fait à ces sortes de portes, des chambranles, depuis 4 pouces jusqu'à 6 pouces de large, sur deux pouces d'épaisseur, & ornés de moulures. On fait des embrassemens avec des bâtis formant panneaux dans l'épaisseur du mur, avec moulure en bouement; on met aussi au-dessus de ces portes, des gorges, des corniches & des cadres, quand il se trouve de la hauteur.

On peut dans cette grandeur, comprendre les portes d'offices, de cuiſines , & celles des caves , que l'on fait toutes unies , mais bien fortes, de 2 ou 2 pouces $\frac{1}{2}$ d'épaiſſeur , collées & emboîtées comme ci-devant.

Les grandes portes ſont celles dont on ſe ſert pour les principaux appartemens , comme pour veſtibules , anti-chambres , ſalles , ſallons & cabinets , &c. On les fait ordinairement à deux ventaux , & d'une même grandeur , quand elles ſont dans une même enfilade, ou même piece. On fait ces ſortes de portes de différentes grandeurs , depuis 4 pieds juſqu'à 6 pieds de large pour les grands Palais. Elles doivent avoir de hauteur , depuis 2 fois leur largeur, juſqu'à 2 fois $\frac{1}{3}$.

La Planche 28 , contient une porte à placard à deux ventaux , pour un veſtibule. Elle eſt accompagnée d'un chambranle. Il ſuffit de voir les meſures cotées ſur la figure , pour connoître la proportion des différens panneaux qui la compoſent. Nous dirons ſeulement qu'on donne au moins 1 pouce $\frac{1}{2}$ d'épaiſſeur aux battans & aux travers , & qu'on donne aux panneaux 1 pouce d'épaiſſeur, & ordinairement 6 pouces de largeur au chambranle, ſur 2 pouces ou 2 pouces $\frac{1}{2}$ de ſaillie.

Des Portes Cocheres.

Les portes cocheres de grandeur ordinaire, ont 8 pieds $\frac{1}{2}$, ou 9 pieds de large entre les deux tableaux. Leur proportion eſt relative aux ordres d'Architecture qui préſident à la décoration, ou à des ſujétions que l'on ne peut éviter : la plus belle forme qu'elles puiſſent avoir ſupérieurement , c'eſt la circulaire.

On donne aux battans des portes cocheres 4 pouces d'épaiſſeur, ſur 8 à 9 pouces de large, & aux bâtis qui ſont au-devant 3 pouces d'épaiſſeur , aux cadres 4 pouces , aux panneaux 1 pouce $\frac{1}{2}$, ou deux pouces. Ces bois ont plus ou moins d'épaiſſeur, ſelon la grandeur des portes.

Des Croiſées.

On fait des croiſées de différentes grandeurs, ſelon que les maiſons où elles doivent ſervir ſont plus ou moins grandes : les plus communes ont depuis 3 pieds de large juſqu'à 4 pieds $\frac{1}{2}$: on leur donne ordinairement depuis 5 pieds , juſqu'à 6 pieds $\frac{1}{2}$, pour les Palais. Il y a des portes croiſées qui ont juſqu'à 8 pieds de large : nous avons parlé de leur proportion *à la page 26e* , pour l'ordre Toſcan , &c.

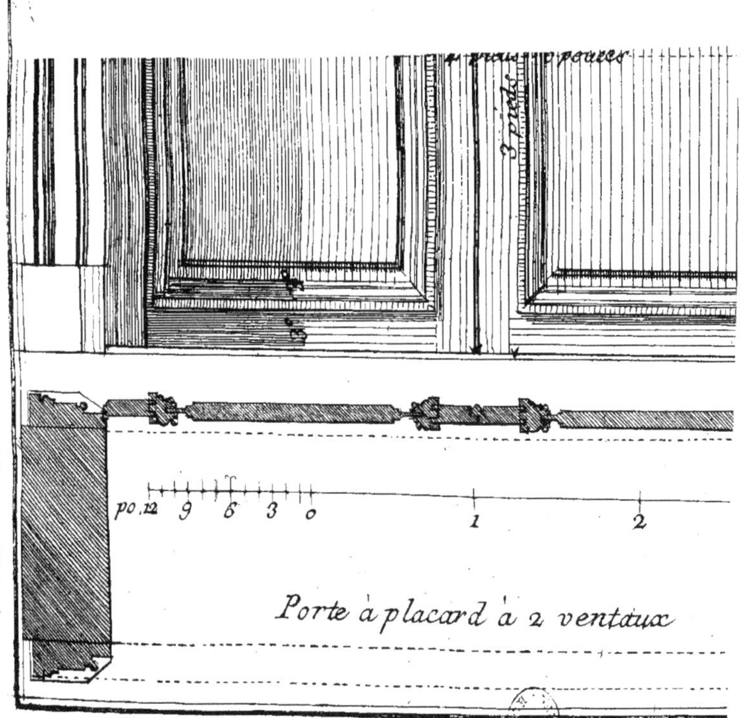

Porte à placard à 2 ventaux

Porte à placard à 2 ventaux

9 pieds 6 pou
13 pieds
4 pieds 9 pou
2 pi 8 po
Pº 12 9 6 3 0 1 2 3 pi.
Croisée

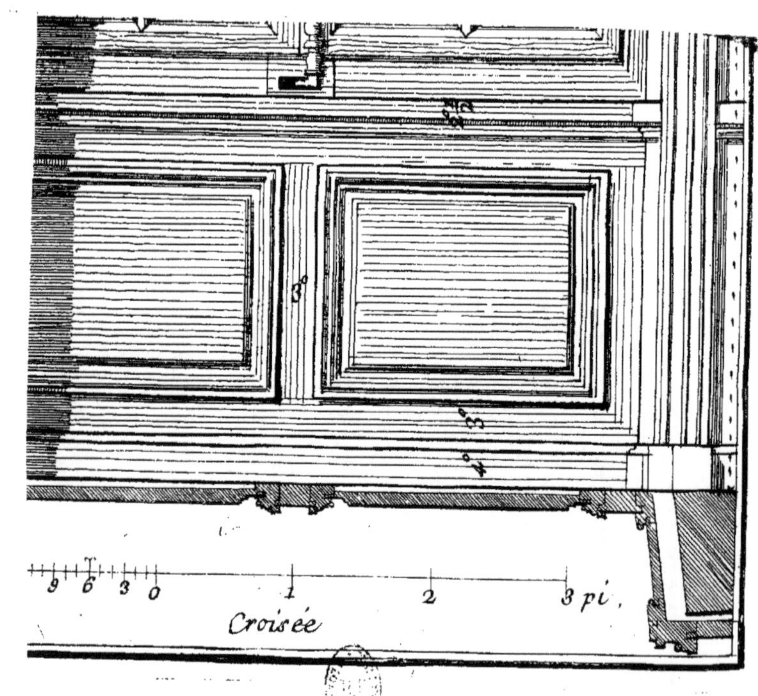
3°
3
4
9 6 3 0 1 2 3 pi.
Croisée

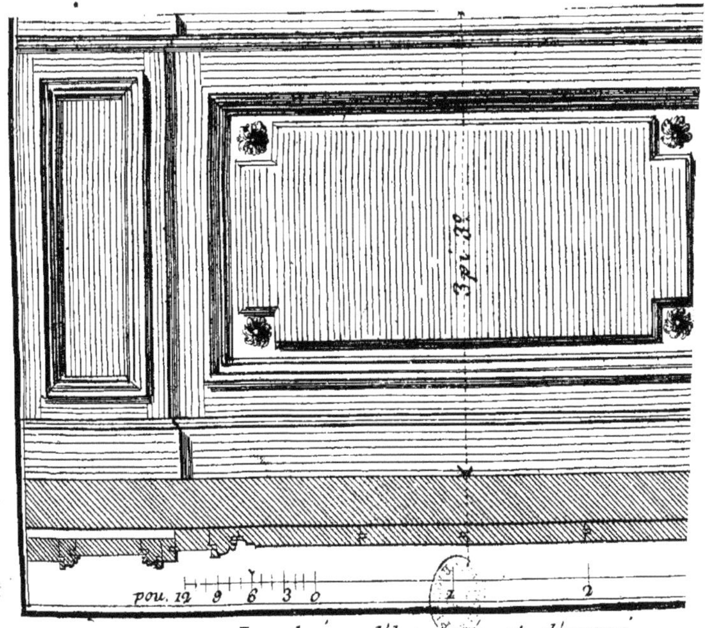

Lambris d'hauteur et d'appui

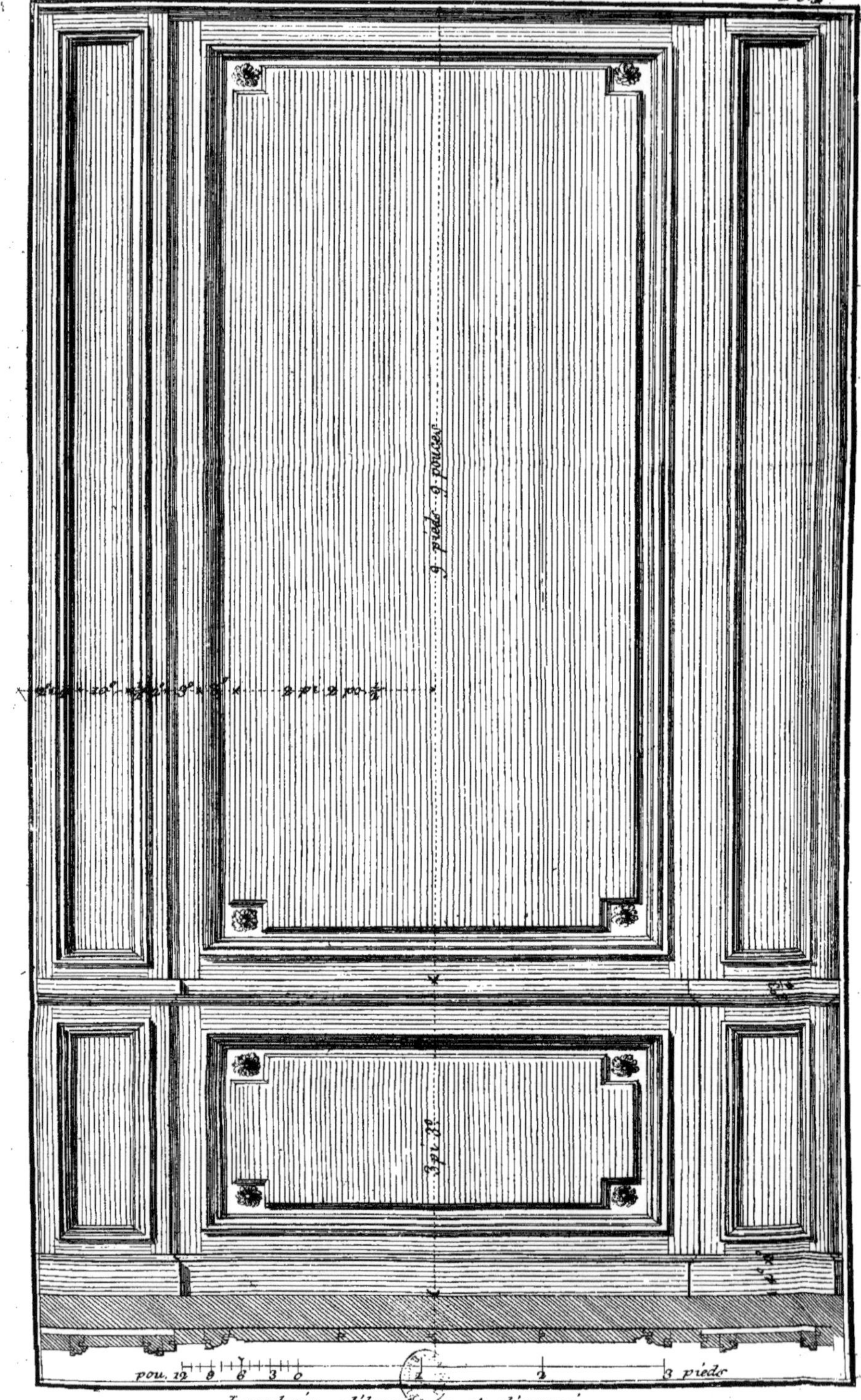

Lambris d'hauteur et d'appui

Il y a des croisées de deux sortes : les unes sont à petits carreaux, & les autres à grands carreaux. La proportion ordinaire est que le grand côté doit être égal à la diagonale du quarré fait sur le petit côté. Le grand côté doit toujours être posé verticalement.

Aux grandes croisées de 5 pieds, les chassis dormans doivent avoir 3 pouces, sur 4 à 5 de large : les menaux autant : les battans de chassis à verre, 2 pouces d'épaisseur, sur 3 ou 4 pouces de large. Les petits bois doivent avoir 1 pouce $\frac{1}{2}$, ou 2 pouces tout au plus, assemblés à pointes de diamant ; on les orne de demi-rond, de baguettes des deux côtés, selon qu'on le desire.

Les volets doivent avoir 1 pouce $\frac{1}{2}$ d'épaisseur pour les bâtis, avec de petits cadres des deux côtés, élégis dans les battans, & les panneaux sont épais d'un pouce.

On est en usage de ne point mettre de traverses aux croisées. On les ouvre de toute leur hauteur, comme on le peut voir sur la *planche* 29e, avec les mesures cotées.

Les volets s'ouvrent de même, & sont brisés pour les loger dans l'embrasement, en faisant attention d'y laisser une place convenable.

Des Lambris.

Il y a deux sortes de lambris : les uns qu'on appelle lambris d'appui ; & les autres lambris de hauteur.

Les lambris d'appui sont pour les lieux que l'on veut tapisser. On les fait ordinairement depuis 2 pieds $\frac{1}{4}$, jusqu'à 3 pieds $\frac{1}{4}$, comme les appuis des croisées.

On donne 1 pouce d'épaisseur aux bâtis des lambris d'appui les plus simples, dans lesquels on élégit un bouement ou petite moulure. Les panneaux se faisoient autrefois de merrein ; mais sa rareté fait que depuis quelque tems on se sert de bois de sciage. On met un socle par bas, & par haut une plinthe ornée d'une petite moulure.

Le plus beau lambris d'appui est à cadres & pilastres. Suivant le dessin qu'on en fait, on donne 1 pouce $\frac{1}{2}$ d'épaisseur aux bâtis : on traite les panneaux comme ci-dessus.

Aux lambris ornés de cadres à compartimens, on donne 1 pouce $\frac{3}{4}$ d'épaisseur aux bâtis ; sur-tout quand la hauteur & la largeur sont considérables : on fait les panneaux forts à proportion.

La Planche 30e contient un lambris d'appui, & de hauteur avec les mesures cotées.

La Planche 31e contient le dessin d'une cheminée, une glace au-dessus avec compartimens de lambris. Les épaisseurs des bois sont comme il a été dit ci-devant. Il suffit de jetter les yeux sur la figure, pour voir les mesures cotées.

Les Planches 32e & 33e contiennent la décoration intérieure d'une galerie, prix d'Architecture remporté par *M. Desprez*. On peut y remarquer le goût, le génie & l'invention de cet Artiste.

De la construction des Edifices.

On entend en Architecture, par le mot de *construction*, la connoissance de tous les matériaux qui entrent dans un édifice; la maniere de les employer & de les unir ensemble.

La pierre tient le premier rang parmi les matériaux qui entrent dans le bâtiment. Nous parlerons seulement de celle qu'on emploie à Paris & dans les environs. On comprend aussi sous le nom de pierre, le marbre dont nous traiterons ci-après.

De la Pierre franche, ou Pierre de taille.

La pierre du fauxbourg saint Marcel, porte depuis 1 pied jusqu'à 18 pouces de hauteur de banc (*a*): elle n'est pas belle, parce qu'elle est coquilleuse, & sujette à la moye (*b*), mais bonne; elle résiste au fardeau: elle s'emploie pour les jambes sous poutre. Le pied cube coûte 1 liv. 5 sols, rendu à l'attelier.

La Lambourde (*c*) *du fauxbourg saint Marcel*, est une pierre assez tendre qui est bonne à toutes sortes d'ouvrages hors de terre: elle porte 2 pieds de hauteur de banc: elle coûte 1 liv. le pied cube.

La pierre de Souchet, qui est ordinairement grise, se tire au fauxbourg S. Jacques: elle est trouée & poreuse: elle n'est bonne ni dans l'eau, ni sous le fardeau; aussi ne s'en sert-on que pour les moindres bâtimens: elle porte depuis 12 pouces jusqu'à 16 de hauteur de banc: elle coûte le pied cube, depuis 15 s. jusqu'à 1 liv.; mais il est bon de dire qu'il y a actuellement peu de carrieres de cette pierre.

(*a*) La pierre se trouve dans les carrieres par lit, ayant des joints qui les séparent: c'est l'espace qu'il y a d'un joint à un autre, qu'on appelle banc.

(*b*) Veine tendre qui se trouve dans la hauteur du banc.

(*c*) On entend par lambourde, de la pierre tendre.

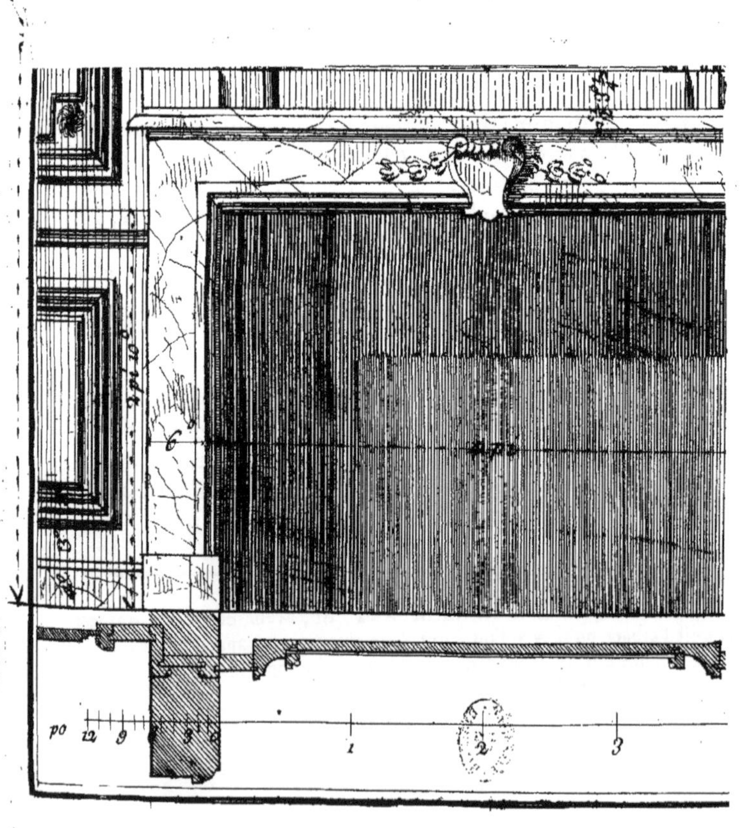

Pl. 31.
13 pieds
2 pi. 9 po
2 pi 10
pied

Projet d'une Interieure de Gallerie prix d'Architecture remporté par Despax Architecte et Professeur de Dessein à l'Ecole Royale Militaire.
Dedié à M. Perronet Chevalier de l'Ordre du Roy, premier Ingenieur des Ponts et Chaussées, Membre des Accademies Royales des Sciences et d'Architecture, de celle de Rouen, Metz &c.a
Prix 1l. 10s.
Echelle
Pieds
Toises

Interieure du Bout de la Gallerie.

Pl. 33

Echelle

Pieds 6 5 4 3 2 1 0 1 2 3 4 Toises

En sortant du fauxbourg saint Germain, & en allant jusqu'à Vaugirard, il y a des carrieres où se trouve une autre pierre *de Souchet & du bon banc*. Ce Souchet est une pierre dure, grise, poreuse & filandreuse : elle se prend au-dessus du bon banc : elle sert aux fondations des grands édifices, & dans les bâtimens ordinaires : elle porte 18 à 20 pouces de banc. Le pied cube coûte, depuis 15 jusqu'à 20 sols.

Le bon banc, est une pierre fort blanche qui se *mouline* (*a*), quand elle n'a pas jetté son eau de carriere, & qu'elle est surprise par la gelée : elle ne résiste pas trop au fardeau, ni à l'humidité. Le meilleur *bon banc* est celui qui a un lit coquilleux & quelques *molieres* (*b*) : il est aussi le plus blanc. On s'en sert aux façades, dans l'intérieur des bâtimens, & pour faire des appuis & des rampes. On en tire aussi des colonnes. Il a depuis 15 jusqu'à 24 pouces de banc, & coûte 20 à 30 sols le pied cube, selon la grandeur des morceaux.

La pierre grise de Vaugirard sert aux premieres assises : elle est grasse, sujette à la gelée, lorsqu'elle n'a pas jetté son eau de carrierre. Elle a 18 à 20 pouces de banc, le pied cube coûte 20 à 30 sols.

Entre les *pierres dures*, celle d'Arcueil, qui est proche Paris, est la plus recherchée à cause de ses bonnes qualités : elle résiste au fardeau, s'entretient dans l'eau, & ne craint point les injures du temps ; aussi s'en sert-on par préférence dans les fondations, & pour les premieres assises des bâtimens. La meilleure est la plus dure, la moins coquilleuse, sans moye (*c*) ni moliere. Il s'en trouve depuis 14 pouces jusqu'à 21 pouces, nette & taillée : elle coûte le pied cube, rendue à l'attelier, 20 à 30 sols.

Le *bas appareil* est de 9 à 10 pouces de hauteur sans *bousin* (*d*). Cette pierre sert à faire des marches, des seuils, des appuis, tablettes & cymaises. Il se trouve encore à Arcueil un autre *bas appareil*, appellé *cliquart*, de 6 à 7 pouces de banc, plus blanc que l'autre, qui ressemble au *liais*, & qui sert aux mêmes usages. Mais cette

(*a*) C'est-à-dire qu'elle se défunit par petits morceaux étant exposée à l'air.

(*b*) Parties plus tendres que n'est l'espece de la pierre.

(*c*) Veine tendre qui se trouve dans la hauteur du banc.

(*d*) On appelle bousin une pierre qui n'est pas encore formée, qui ne résiste pas à la gelée, & qui, étant exposée à l'air, tombe en poussiere.

pierre étant grasse, est sujette à la gelée ; il faut qu'elle soit tirée & employée en été.

Il se trouve à Arcueil de la *Lambourde* qui a de hauteur de banc, depuis 18 pouces jusqu'à 3 pieds : quand elle est bien choisie, elle est plus blanche & résiste autant au fardeau que le St. Leu (*a*). Le pied cube coûte environ 20 à 25 sols.

Comme les bancs de pierre d'Arcueil ne se suivent plus comme autrefois, les Carriers se sont jettés du côté de Bagneux, près d'Arcueil, & du côté de Mont-Rouge, où ils trouvent des masses moins profondes; mais dont les bancs se continuent plus loin. La pierre qu'on tire de ces bancs, est remplie de moye, sujette à la gelée, lorsqu'elle n'a pas jetté son eau de carriere : elle est moins propre à résister au fardeau que celle d'Arcueil : on peut en avoir depuis 15 jusqu'à 20 sols le pied cube.

La pierre de Liais se trouve au Bourg-la Reine, près *Paris* : elle est pleine, dure & blanche ; mais ne reçoit pas le poli comme le marbre : elle sert à faire des balustres, des entrelacs, des appuis, des tablettes, des rampes d'escaliers & du carreau pour les vestibules, les salles à manger, &c. On en fait des bases de colonnes, des chambranles pour les cheminées, & généralement tous les ouvrages qui se font avec soin : elle est aussi très propre pour la sculpture : cette pierre porte depuis 6 pouces jusqu'à 14 de banc. Le pied cube coûte depuis 1 liv. 10 sols, jusqu'à 3 liv.

Le Liais rose est le plus doux, le plus blanc & le plus plein.

Le Liais feraut est pris du premier banc de la même carriere : il est très-dur & difficile à tailler. Il porte depuis 6 pouces jusqu'à 8 de hauteur de banc.

La pierre de Meudon est semblable à celle d'Arcueil; mais elle n'est pas si propre à résister aux injures du temps : elle sert à faire des premieres assises, des marches & des tablettes : la moindre est fort trouée, & porte 14 à 18 pouces nette & taillée; il s'en trouve des morceaux d'une grandeur extraordinaire. Les deux corniches rampantes du fronton du Louvre, du côté de saint Germain l'Auxerrois, chacune d'une piece, sont de cette pierre, portant 54 pieds de long sur 8 pieds de large, & 8 pouces de hauteur. Le pied cube coûte aux environs de 1 livre 10 sols.

(*a*) Voyez à la page 72.

Le rustique de Meudon est rougeâtre, fort coquilleux, & n'est propre qu'à servir de libage (*a*) & de garni dans les fondations des piles, des ponts & des quais, & aux encoignures des autres bâtimens : sa hauteur est de 15 à 18 pouces de banc : le pied cube coûte depuis 15 sols jusqu'à 20.

La pierre de saint Nom, qui se tire au bout du parc de Versailles, est presque de même qualité que celle d'Arcueil : elle est grise & coquilleuse : son banc a depuis 16 pouces jusqu'à 22 de hauteur, net & taillé. On se sert de cette pierre pour les premieres assises.

Celle *de saint Cloud* approche de la qualité de celle d'Arcueil : elle est blanche & un peu coquilleuse, ayant quelques molieres ; mais elle se débite difficilement : elle est bonne à l'eau & résiste au fardeau. Elle se pose sur l'Arcueil, & sert aux façades des bâtimens : on en tire aussi des colonnes d'une piece, de deux pieds de diametre, & on en fait des bassins & des auges ; il y en a depuis 18 pouces jusqu'à 2 pieds de haut, nette & taillée.

La pierre de Montesson, près de Nanterre, est blanche, d'un fort beau grain : elle porte 9 à 10 pouces, nette & taillée. On s'en sert pour faire des balustres, entrelacs & autres ouvrages délicats : elle revient à 20 à 30 sols le pied cube.

On tire de la pierre dure aux carrieres *de Passy* ; mais cette pierre est fort inégale en qualité & en hauteur de banc : elle revient à 1 liv. le pied cube. Outre la pierre dure de Passy, il y a encore la *roche* propre à faire des libages & du moilon.

A la vallée de Fescamp, au-dessus du fauxbourg saint Antoine, il y a aussi de la pierre dure qui gele quand elle n'a pas jetté son eau de carriere : elle porte depuis 14 pouces jusqu'à 18 de haut, nette & taillée : elle revient à 20 à 25 sols le pied cube.

Il se trouve *à la chaussée près de Bougival*, une nature de pierre approchant du liais & qui a le même grain ; mais il faut observer que du côté du lit dur, ou du dessus, il est nécessaire de la *déliter* (*b*) de 4 pouces, à cause de l'inégalité de sa dureté ; ainsi elle ne porte plus que 15 à 16 pouces, nette & taillée : elle revient à 30 à 45 sols le pied cube.

On tiroit autrefois *aux carrieres de saint Maur*, beaucoup de pierre (le Château du même lieu en est bâti :) cette

(*a*) Voyez libage, page 71.

(*b*) Déliter une pierre, est la séparer en deux dans l'épaisseur de son banc.

pierre est dure, & de fort bonne qualité pour résister au fardeau & aux injures du temps ; mais le banc n'est pas bien régulier, & l'on n'y trouve pas de grands quartiers comme à Arcueil : elle revient à 20 à 30 sols, le pied cube.

Il y a de la pierre de Vitry qui est de même espece, & revient au même prix.

La Lambourde de saint Maur, pierre tendre, porte 2 pieds ½ de hauteur de banc : elle revient à 1 livre, le pied cube.

Des Moilons & Libages.

Outre la pierre franche des carrieres des environs de Paris, il y a le *moilon*, qui en est la portion la plus tendre, & le *libage*, qui en est la partie la plus dure.

Le moilon est quelquefois de la même qualité que la pierre franche d'une carriere, & quelquefois plus tendre.

Le mieux *gissant* (a) est le plus recherché, parce qu'il y a moins à tailler. Il y a aussi des moilons durs de *meuliere*, comme ceux de Versailles, qui tiennent de la nature du caillou; ils sont bons pour les fondations, n'étant pas sujets à pourrir dans l'humidité.

Le moilon d'Arcueil est de même qualité que la pierre; il est bon pour les fondations & se tire des vieilles formes & des ciels des carrieres. Celui des carrieres *des lambourdes du fauxbourg saint Jacques*, est bon pour fonder, voûter & faire des puits. Le *moilon de la vallée de Fescamp*, est de même qualité que la pierre ; il est bien fait, il ressemble à celui d'Arcueil. Le moilon de saint Maur est encore de bonne qualité.

Le moilon piqué est celui qui étant taillé au vif de la pierre ; est d'échantillon, à vive-arrête, à lits & joints quarrés, piqué en tête avec la pointe du marteau, & *démaigri* des deux côtés en queue. On l'emploie dans les caves, & il est très-propre quand il est posé de niveau & par arrase.

Le moilon smillé est un moilon grossiérement équarri à la *hachette*, ébousiné & destiné à faire parement dans les lieux de peu de conséquence.

Le moilon bourru, est un moilon mal fait qu'on emploie tel qu'il est dans les fondations & dans l'intérieur des murs & que l'on a nullement équarri ni travaillé.

(a) Celui qui est plat sur ses lits, & où il n'y a presque rien à ôter que le bousin.

Le moilon appareillé eſt un moilon délité, qui eſt proprement taillé comme la pierre, à lits & joints quarrés & à vive-arrête en tête. Avec ce moilon poſé en juſte liaiſon, démaigri en queue, & de longueur ſuffiſante pour faire le *parpin (a)* d'un mur, à 3 ou 4 pouces près du parement oppoſé, on élevera, en toute ſûreté, & avec beaucoup de ſolidité, des murs de 12 à 15 pouces d'épaiſſeur.

Comme il n'y a point de carriere où il n'y ait du moilon, celui qui n'eſt pas bon pour bâtir, ſert à faire de la chaux ou du plâtre, ou bien il eſt rebuté comme bouſin & entierement inutile. Le meilleur plâtre eſt celui de Mont-Martre. Tout le moilon ſe paye à la toiſe cube, & l'Entrepreneur le fait entoiſer. Il revient à 48 liv.

Le libage eſt une pierre imparfaite qui eſt employée brute, ne pouvant être taillée proprement : c'eſt de toutes les eſpeces de pierre la plus dure : elle provient ordinairement des vieilles formes & ciels de carrieres : elle ſe paye le pied cube 15 ſols, environ : on l'emploie dans les fondations.

Des pierres de taille qui ſont apportées d'endroits plus éloignés, & dont on ſe ſert à Paris.

Senlis, *Vernon*, *Tonnerre & ſaint Leu* fourniſſent beaucoup de pierre pour Paris. La *pierre de Senlis*, à 10 lieues de Paris, qui eſt auſſi appellée *Liais*, eſt blanche, dure & pleine : elle porte 14 à 15 pouces de hauteur de banc : elle eſt propre à faire les plus beaux ouvrages, & même de la ſculpture : elle vient par la riviere d'Oiſe qui ſe décharge dans celle de la Seine.

La pierre de Vernon, à 12 lieues de Paris, eſt dure & blanche comme le Saint-Cloud (*b*) : il s'y trouve des cailloux qui la rendent difficile à tailler. On s'en ſert à pluſieurs ouvrages; mais principalement pour faire des figures, des colonnes, des retables d'Autels, des tombeaux & autres ſemblables ouvrages.

Les pierres tendres ſont faciles à tailler, & ſe durciſſent ordi-

---

(*a*) Une pierre fait parpin, lorſqu'elle fait les deux paremens d'un mur.

(*b*) Voyez la pierre de ſaint Cloud, page 69.

nairement à l'air. La meilleure eſt celle de *ſaint Leu*, ſur Oiſe, à 10 lieues de Paris par terre ; mais quand elle n'eſt pas bien choiſie, cette pierre ne durcit qu'à l'exterieur, où il ſe fait une croûte, & le dedans ſe mouline.

Les carrieres de *ſaint Leu* fourniſſent de trois ſortes de pierres, en trois différentes carrieres, qui ſont *le Trocy*, *le ſaint Leu* & *le Vergelé* : le Trocy eſt une pierre ferme, pleine, blanche, qui ne ſe délite point ; elle eſt bonne pour les façades, & la ſculpture : elle ſe taille proprement ; il s'en trouve depuis 2 pieds juſqu'à 4 pieds de hauteur de banc.

Le ſaint Leu eſt une pierre plus tendre, plus douce, plus jaune & de pareille banc que le Trocy.

Le Vergelé eſt une pierre plus dure que le ſaint Leu, qui a le grain fort gros : elle eſt bonne dans l'eau & ſous le fardeau : elle eſt de même hauteur que le Trocy : on en fait des ceintres de ponts, des voûtes d'écuries, de caves, & on l'emploie dans d'autres lieux ſouterreins & humides. Il ſe trouve à ſaint Leu des pierres de toutes ſortes d'échantillon, même au *Binar*. Elles ſe vendent 8 liv. au tonneau qui contient 14 pieds cubes. Le prix differe ſelon les années.

Il y a auſſi une eſpece de *Vergelé à Carriere ſous bois*, dont le banc franc porte comme le ſaint Leu ; mais elle eſt plus tendre, plus griſâtre & veinée, & ne réſiſte nullement au fardeau.

La pierre de Tonnerre, qui ſe tire en Bourgogne, à ſix lieues d'Auxerre : elle eſt tendre, blanche & le grain très-fin : elle porte environ deux à quatre pieds de hauteur de banc : on ne s'en ſert guere que pour la ſculpture. Elle coûte 4 liv. le pied cube.

Du Grès.

Le grès eſt une eſpece de roche qui ſe trouve en divers endroits, dedans ou dehors la terre : il ſe coupe & ſe débite comme on veut, vu qu'il n'a point de lit. Il y en a de *doux* ou *tendre*, de *ruſtique* ou *dur*. C'eſt de grès tendre qu'on voit des ouvrages taillés avec une grande adreſſe, & l'architecture y peut être faite proprement. Le plus beau & le meilleur grès, eſt le plus blanc, ſans fils, égal en couleur & dureté : ſes paremens doivent être piqués ; mais ſi le grès a quelque avantage, il a le défaut d'être d'une grande charge, de ne faire pas bonne liaiſon avec le mortier

mortier, & que les arrêtes sont sujettes à *s'épouffer* (*a*) en le posant malgré toutes les précautions que l'on peut prendre : son plus grand usage est pour les ouvrages rustiques, comme les cascades, les grottes & les fontaines. Toutefois la nécessité contraint quelquefois de se servir de cette pierre, & il s'en voit des bâtimens considérables, particuliérement à Fontainebleau.

Le *grès* dur n'est bon que pour paver : il se taille de trois grandeurs : les plus gros quartiers sont de 8 à 9 pouces sur tout sens. Il s'assied à sec, avec du sable de riviere ou autre, & c'est avec des quartiers de cette grosseur, qu'on pave les rues & les grands chemins.

L'échantillon commun est de 6 à 7 pouces, & se pose avec du mortier de chaux & de sable ou ciment, & sert à paver les cours.

Le petit échantillon, qui est de 4 à 5 pouces, s'emploie avec du mortier de chaux & de ciment pour paver les écuries, cuisines & autres lieux servant aux nécessités des maisons.

Les paliers, vestibules & salles sont ordinairement pavés de pierre de liais (*b*), mêlée avec du *marbre noir de Caen*, dont on forme des compartimens de figures différentes.

Toute sorte de pavé se mesure à la toise superficielle, & se paye sur le pied de 36 liv. pour la pierre de liais mêlée de marbre de Caen : de 22 liv. pour le pavé de grand échantillon, de 15 liv. pour le petit échantillon avec chaux & ciment : l'échantillon moyen a son prix entre deux.

Des Marbres & de leurs différentes especes.

Sous le nom de marbre (*c*), on comprend le *Porphyre*, le *Serpentin* & le *Granite*, lesquels ne différent des autres marbres que par leur plus grande dureté. On en distingue les marbres *antiques* & *modernes* ; par les *antiques*, on entend ceux dont les carrieres sont perdues, ou inaccessibles à notre égard, & dont on ne voit que des morceaux restés des anciens bâtimens ; par les *modernes*, ceux dont les carrieres sont ouvertes, & dont on peut tirer des blocs d'échantillon.

(*a*) C'est-à-dire que les arrêtes pettent & s'égrainent.

(*b*) Quand on ne veut rien épargner, on fait venir de la pierre blanche de Caen, qui est moins glissante que le liais. Le marbre noir, pour en former les compatimens, vient du même endroit.

(*c*) Le marbre, ainsi que le grès, n'a point de lit.

Entre les marbres antiques, le Porphyre qui est estimé le plus dur, se tiroit autrefois de la Numidie en Afrique : les plus grands morceaux qui se voient à présent, sont les colonnes de sainte Sophie à Constantinople, lesquelles ont plus de 40 pieds de haut.

Les anciens employoient le Porphyre à faire des bassins, des fontaines des cuves de bains & des tombeaux. Celui à qui on a donné le nom de Bacchus, & qui est dans l'Eglise de sainte Constance, près de celle de sainte Agnès, hors des murs de Rome, & la cuve de Dagobert à saint Denis en France, sont de ce marbre. Cette pierre reçoit bien le poli ; la plus belle est celle dont le rouge est le plus vif, & les taches les plus blanches & les plus petites.

Il y a aussi du *Porphyre gris* dont les taches sont noires, & qui est moins dur que le rouge.

Le *Serpentin* est une autre pierre qui se trouvoit en Egypte : il s'en voit encore dans quelques édifices antiques, employé dans des compartimens de pavé & de lambris ; mais les morceaux n'en sont pas fort grands.

Les Italiens, à cause de la rareté du Serpentin, ne l'emploient que par incrustation. Sa couleur est d'un vert brun avec de petites taches quarrées & rondes, mêlées de quelques veines jaunes & d'un verd pâle, ou verd de ciboule : cette pierre est aussi dure que le Porphyre, & se travaille de même.

Le *Granite*, qui se tiroit de la Thébaïde, est de deux sortes : l'un, dont le fond est rougeâtre & tacheté de blanc ; l'autre, bleuâtre & tacheté de gris. Cette pierre est fort dure & reçoit mal le poli. Les obélisques du Vatican, de saint Jean-de-Latran, de la porte du peuple, ainsi que les colonnes du porche de la rotonde, du temple de la Concorde, &c. sont de granite.

Il paroît, par la quantité des fragmens qui nous restent de divers marbres, que les anciens, qui en avoient en abondance, les employoient plutôt solides que par incrustation. On verroit cependant ces marbres précieux en plus grandes pieces, si l'on n'en avoit pas débité autant qu'on en a pu découvrir, pour en revêtir, par compartimens, le dedans des Edifices modernes ; il y a une infinité de marbres antiques, que les Italiens ne connoissent que sous le nom de *mischieti* ou *mêlés* : ce sont ceux où il se rencontre des taches ou des veines de différentes couleurs ; & si quelque couleur y domine, comme le *rouge* ou le *verd*, ils les appellent alors *rosso antico*, *verde antico*, &c. Telles sont les colonnes des niches de saint Jean-de-Latran, à Paris, lesquelles sont d'une grande beauté, & dont le verd tire sur *l'émeraude.*

Le marbre *noir* des anciens n'étoit autre chose que la *pierre de touche*, ou de *parangon* : il venoit d'Egypte, & l'on voit encore au pied de l'escalier du Capitole, des *Sphynx* taillés de cette pierre.

Quant au marbre *blanc*, il se tiroit de plusieurs endroits de la Grece : mais celui de l'*Isle de Paros*, si renommé par les Auteurs anciens, & dont la plupart des Statues antiques sont faites, étoit le plus recherché : il est un peu jaunâtre & transparent, & plus tendre que celui que nous avons à présent : ce qui fait qu'il approche de l'albâtre, quoiqu'il ne soit pas si blanc.

Le plus beau marbre blanc vient aujourd'hui de *Carrare*, où il s'en trouve des blocs de telle grandeur qu'on veut : il est dur & fort blanc, quelquefois il s'y rencontre des fils & des *crystallins durs.* Il vient aussi des Pyrénées, du marbre blanc qui n'est pas si beau que celui de Carrare, & qui est de même qualité que le marbre blanc antique, quoiqu'il ne soit pas si dur.

Le marbre *noir*, qui vient de Dinan, est plus parfait que celui qui vient de Namur : ce dernier ce débite en grande partie en Hollande pour du carreau, dont on fait un grand trafic. Celui de Dinan est bon pour les épitaphes & les sculptures : il se vend à la lame, & revient à 15 livres le pied cube.

Près de Carrare, il se trouve du marbre blanc *veiné de noir*, comme à Barbançon du noir *veiné de blanc.*

On trouve dans les Pyrénées un marbre appellé *Brêche*, & il s'en voit de plusieurs sortes ; il y en a de *grise* & de *noire* ; dans la *grise*, le gris domine, mêlé de blanc & de jaune pâle, & la noire a des veines blanches : le pied cube vaut 40 liv.

La *Brêche d'Italie* est noire & blanche, quelquefois mêlée de violet ; & la petite brêche de *Saraveze*, est blanche, violette & jaune.

Le *Portore* est un marbre noir, veiné ou taché de jaune : le plus beau est celui où le noir & le jaune sont plus vifs, & plutôt par taches que par veines : il se tire des Alpes près de Carrare. Il pete au feu, & n'est que de parade pour les tables & tablettes. Il vaut 80 liv. le pied, & quand il est défectueux, 18 à 20 liv.

Le *Marbre de Sicile* est rouge, brun, blanc & verd rayé : il n'est propre qu'en tables. Il est sans prix dans sa beauté, quand il est bien rouge ; mais quand il est pâle, il n'est point estimé.

Le *Sérancolin* est gris, jaune, rouge & transparent en quelques endroits, comme de l'*agate* : le plus beau eſt fort rare, & coûte 90 liv. le pied cube ; il vient des Pyrénées : le commun coûte 60 à 70 liv. le pied.

Le marbre d'*Antin* lui reſſemble beaucoup, l'un & l'autre ſe délitent aiſément ; mais ce dernier eſt plus propre pour les appartemens d'été que pour ceux d'hiver. Le bon & le beau d'Antin vaut depuis 60 juſqu'à 80 liv. le pied, & même n'a pas de prix fixe, ſelon ſa beauté.

Le *verd Campan* eſt rouge & blanc, & le verd qui y domine eſt veiné, tacheté & inégal : il réſiſte bien au feu. Ce marbre bien veiné de verd & rouge agréablement mêlé, vaut 80 liv. le pied cube. Lorſqu'il eſt tout verd, il ne vaut que moitié pour le prix & la durée ; s'il eſt tout rouge, il vaut encore moins.

On tire près de la *ſainte Beaume* en *Provence* du marbre blanc & rouge mêlé de jaune, preſque ſemblable à la Brocatelle ; mais il eſt filandreux. Ces marbres ont valu 60 liv. le pied, & ſont rares.

Le marbre de *Languedoc* a le fond rouge, veiné & tacheté de blanc : il n'eſt guere eſtimé. On en trouve un autre mêlé de bleu, qui eſt auſſi eſtimé que le Sérancolin, pour ſon éclat. Il réſiſte bien au feu, & vaut 30 à 40 liv. le pied cube.

Le marbre de *Narbonne* eſt d'un rouge pâle, couleur de chair, mêlé de taches blanches.

Le marbre de *Rance* eſt rouge avec des veines blanches : il s'en trouve des blocs de telle grandeur qu'on veut.

Celui de *Hou* eſt mêlé de rouge & de blanc qui y domine : il eſt auſſi dur que le *Rance* ; mais il s'y rencontre des défauts : celui de *Gauchenet* eſt blanc & rouge, plus tanné que le Rance. Il y a auſſi la *Griotte*, le *Serfontaine*, le *Rance ſaint Remy* ou *Malplaquet*, le *Montbard Royal*, *Merlemont*, *Givet*, &c. qui ſont des marbres communs à Paris, & de bonne durée ; lorſqu'ils ne ſont pas de fil, & qu'ils ne ſont pas débités en *contre-paſſe*, c'eſt-à-dire, de travers : car dans ce cas ils s'envont par délit, & demandent à être ſoutenus avec des barres de fer encaſtrées dedans, quand ils ſont employés de maniere à fatiguer. Ces marbres ſont tous de 18 à 20 liv. le pied cube. On en trouve quelquefois à meilleur marché, ſuivant la diſette ou l'abondance.

La *Brocatelle* vient d'Eſpagne, du côté de l'Andalouſie : elle eſt mêlée par taches, de gris, de blanc & de jaune : ce marbre eſt rare. Les quatre colonnes u maître-Autel de l'Egliſe des Mathurins, à Paris, ſont les plus beaux & les plus grands morceaux qu'on connoiſſe de cette eſpece. La Brocatelle vaut juſqu'à 100 livres le pied.

La *Bréhc violette* d'*Afrique*, elle coûte 70 liv. le pied cube, eſt de bonne durée & réſiſte bien au feu.

La *Brêche* de *Florieres*, qui eſt extrêmement variée, eſt de bonne durée, & vaut 30 liv. le pied cube.

La *Brêche violette* eſt magnifique quand elle eſt bien entretenue. Si on la néglige, ſa beauté paſſe comme une fleur. Le feu lui eſt nuiſible : elle eſt très-ſujette à ſe tacher par la cire, la peinture, l'huile, le ſuif, &c. rien n'eſt ſi beau pour les appartemens d'été. Celle qui eſt bien violette & blanche vaut 80 liv. le pied cube. Celle qui eſt blanche & noire n'eſt bonne que pour les ſculptures, & ne vaut que 20 liv. le pied cube.

Le *blanc veiné* & le *bleu de turquin* durent peu : ils jauniſſent & ſont ſujets aux taches, comme la Breche violette : ils valent 40 liv. le pied cube.

Le marbre de *Laval* eſt ce qu'il a de plus commun à Paris. Quand il eſt bien travaillé, il trouve ſa place dans le bâtiment. Il vaut à peu-près 12 liv. le pied : il eſt aſſez reſſemblant au Sérancolin.

Le *Cipolin* ne s'emploie qu'en colonnes & en pilaſtres : il eſt par grandes nuances de blanc & verd pâle, comme l'eau de mer ou la ciboule.

Défauts des Marbres.

Marbre *fier*, celui qui eſt trop dur, difficile à travailler & ſujet à s'éclater, comme le marbre de Namur.

Marbre *filandreux* qui eſt plein de fils, comme celui de ſainte Baume & le Sérancolin.

Marbre *pouf*, qui ne tient pas ſes arrêtes, & eſt de la nature du grès.

Marbre *terraſſeux*, qui a des tendres appellées *terraſſes*, qu'il faut remplir avec du maſtic, comme celui de Languedoc.

Marbre *cameloté*, celui qui étant de même couleur, paroît tapiſſé après avoir reçu le poli, comme le marbre de Namur.

Tous membres couronnés d'un filet en marberie ſont comptés à l'ouvrier pour un pied d'ornemens, comme dans la maçonnerie : & il lui eſt payé 30 & 35 ſols, plus ou moins, ſelon la qualité du marbre, & ainſi de tous les autres ouvrages de marbreries, à l'exception de la sculpture & du polissage : le maître fournit les outils.

Le polissage est payé 30 sols le pied superficiel.

Le sciage est payé 10 à 12 sols le pied superficiel, deux paremens pour un ; & le maître fournit les scies & le grès.

Le carreau blanc se vend à *Maison*, près de Charenton, sur le pied de 11 & 12 liv. la toise superficielle : & le tout rendu à l'attelier.

Le carreau *noir* de Senlis ou de Flandre, revient à 4 sols la piece : pour pose & façon, on paye ordinairement 3 liv. & 3 liv. 5 sols la toise.

Les chambranles pour les cheminées de pierre de liais, sont de Maisons, de Nanterres, de Senlis, &c. & se vendent, étant posés & mis en place, 18 à 20 liv. chacun. Ces pierres de liais coûtent 18 à 20 sols le pied cube, rendu à l'attelier. Il y a d'autres liais qui coûtent plus cher. *Voyez le prix du liais, page 68e.*

Du Stuc.

Le *Stuc* est un marbre artificiel qu'on peut varier de mille manieres. Ce n'est qu'en le touchant, & parce qu'il est moins froid, qu'on peut le distinguer du véritable marbre, sur-tout quand il est fait par un habile Stucateur. Le stuc ne peut être employé que dans les intérieurs des bâtimens, & revient à moitié moins que le marbre réel.

De la maniere de faire la Brique, & de ses qualités.

La brique est une espece de pierre artificielle, dont l'usage est très-fréquent dans la construction des édifices.

La terre propre à faire de la brique, doit être grasse & forte, de couleur blanchâtre, ou grisâtre, sans qu'il s'y rencontre de petits cailloux ni graviers : il y a aussi de la terre rouge ; mais elle n'est pas des meilleures. Sans prendre garde scrupuleusement à la couleur, on jugera qu'une terre est bonne pour faire de la brique, si, après une petite pluie, on s'apperçoit qu'en marchant dessus, elle s'attache aux souliers, & s'y amasse en grande quantité, sans qu'elle s'en détache aisément ; ou si, en en ayant pétri dans les mains, on ne peut la diviser qu'avec peine.

Après avoir choisi une espace de terre convenable, on le fait fouiller avec la bêche, ou la houë ; & ayant reconnu que la terre est également bonne par-tout, on attend le tems de la pluie ; parce qu'en étant bien imbibée, on la corroie plus facilement avec la houë & le rabot. On la laisse ensuite reposer pendant quelque temps, au bout duquel on recommence la même opération, ce qu'on fait quatre à cinq fois à diverses reprises. On commence ordinairement la préparation des terres dans le mois de Mars; mais il vaudroit mieux le faire dans l'hiver, les petites gelées étant excellentes pour bien corroyer la terre.

Le véritable tems pour faire de la brique, est pendant les mois de Mai & de Juin ; parce que, dans cette saison, elle a tout le tems de sécher, pour être ensuite mise au four avec plus d'avantage. Il faut, autant qu'il se peut, éviter la saison trop avancée, les briques faites alors n'étant pas si bonnes à beaucoup près que celles qu'on fabrique en été.

La brique qui est d'une couleur jaune, tirant un peu sur le rouge pâle, est bonne; parce qu'ordinairement elle a été faite d'une terre grasse, comme celle dont nous venons de parler. On connoîtra encore la bonne brique au son : celle qui aura le son le plus net, sera préférable à celle dont le son est sourd. Il arrive assez souvent que des briques faites d'une bonne terre & préparées également, sont de différentes couleurs, & par conséquent de différentes qualités, parce qu'elles ont été placées dans le four à des endroits où le feu n'a pas eu assez de force pour les cuire ; ce qui fait qu'elles ne résistent pas à la gelée, ni au poids dont elles sont chargées, qu'elle se cassent & se réduisent facilement en poussiere.

Enfin, la preuve la plus sûre pour connoître la bonté de la brique, quand il s'agit de quelque ouvrage important, & dont on peut différer l'exécution d'une année, c'est de coucher celles que l'on veut employer sur la terre pendant l'hiver, pour y essuyer la gelée: la brique qui aura résisté sans se feuilleter, & à la quelle il ne sera arrivé aucune altération considérable, pourra être mise en œuvre en toute sûreté.

La grandeur ordinaire des briques est de 8 à 9 pouces de longeur, sur 4 à 4 $\frac{1}{2}$ de largeur & 2 d'épaisseur. Ces dimensions sont le plus en usage, parce qu'elles rendent l'emploi des briques fort commode.

Quand les murs n'ont qu'une médiocre épaisseur, on les détermine par le nombre des briques qu'il faut pour en marquer l'étendue : tels sont ceux de deux briques, d'une brique & demie, & d'une brique, dont on se sert pour les murs mitoyens, ou pour les murs de clôture.

De la Chaux: la maniere de l'éteindre & ses différentes qualités.

La chaux pouvant être regardée comme l'ame de la maçonnerie, il est de la derniere conséquence d'être bien instruit de tout ce qui la concerne; afin que dans l'usage qu'on en fera, on parvienne à cette fin principale qu'on doit se proposer en construisant les bâtimens, qui est de faire en sorte que les matériaux soient si bien unis, qu'ils ne paroissent plus composer qu'une seule masse.

La chaux est une pierre calcinée, qui se détrempe avec de l'eau & du sable pour en composer le mortier. Pour faire de bonne chaux, il faut se servir de pierres très-dures, pesantes & blanches. De toutes celles qu'on peut employer, il n'y en a point qui fasse de meilleure chaux que le marbre, quand on est à portée d'en avoir, comme dans les pays ou il est commun.

La pierre nouvellement tirée est meilleure pour faire de la chaux que celle qui est ancienne: celle des carrieres humides & à l'ombre vaut mieux que celles qu'on tire de carrieres plus séches. Les cailloux qui se rencontrent sur les montagnes, ou dans les rivieres & les torrens, aussi bien que certaines pierres spongieuses & dures qui se trouvent quelquefois dans les campagnes, font une très-bonne chaux, & un ouvrage aussi fort blanc & fort poli. On s'en sert ordinairement pour le crépissage des murs. La meilleure chaux qu'on emploie à Paris, est celle de Senlis. La plus mauvaise chaux est celle qu'on fait avec de la craie: il est même défendu d'en employer à Paris.

Le charbon de terre vaut beaucoup mieux pour cuire la chaux, que le bois; car, non seulement la cuisson en est plus prompte, mais la chaux en est plus grasse & plus onctueuse.

Lorsque la chaux est cuite, on connoît si elle est bonne, en la frappant: il faut qu'elle sonne comme un pot de terre, & qu'en la cassant, elle soit blanche, & qu'il ne s'y rencontre point de pierres brunes que l'on nomme *biscuit*: ce qui provient de la faute du chaux-fourrier.

Maniere d'éteindre la Chaux.

On construit deux bassins, un grand & un petit: ce dernier est plus

plus élevé que le grand, & a une bonde pour laiſſer couler la chaux après qu'elle eſt détrempée. Il faut pour la bien éteindre, prendre garde que les ouvriers y mettent la quantité d'eau néceſſaire : car le trop peu la brûle, & la trop grande quantité la noie ; le mieux eſt de jetter l'eau à diverſes repriſes.

Vitruve remarque qu'il eſt néceſſaire que les pierres de chaux ſoient éteintes depuis long-tems, afin que s'il y a quelques morceaux qui ayent été moins cuits que les autres, ils puiſſent, étant éteints à loiſir, ſe détremper auſſi aiſément que les autres : car dans la chaux qui eſt employée en ſortant du fourneau, & avant qu'elle ſoit parfaitement éteinte, il reſte quantité de petites pierres moins cuites, qui font ſur l'ouvrage comme des puſtules; parce que venant à s'éteindre plus tard que le reſte de la chaux, elles rompent l'enduit & le gâtent. Il ajoute auſſi que, pour ſavoir ſi la chaux eſt bien éteinte & ſuffiſamment détrempée, il faut y enfoncer un couteau. Si ce couteau rencontre des petites pierres, c'eſt une marque que la chaux n'eſt pas encore bien éteinte : de même ſi on le retire net, cela prouve qu'elle n'eſt pas bien abreuvée : au lieu que ſi la chaux s'y attache, on jugera qu'elle eſt gluante & bien détrempée.

Il y a cependant une excellente chaux qui ne ſe fuſe point, telle que celle de Metz & des environs, où il eſt arrivé que des gens qui n'en connoiſſoient pas la qualité, en avoient fuſé dans des trous bien couverts de ſable, & l'année ſuivante elle s'eſt trouvée auſſi dure que la pierre. il a fallu la caſſer avec des coins de fer, & l'employer comme du moilon. Pour éteindre cette chaux, on la couvre de tout le ſable qui doit entrer dans le mortier, & l'on jette avec la main de l'eau deſſus en arroſant, & cela à pluſieurs repriſes. Cette chaux s'éteint ſans qu'il ſorte de fumée au dehors : elle fait un ſi bon mortier, qu'à Metz preſque toutes les caves en ſont faites ſans aucun mêlange, que de gros gravier de riviere. Il n'y entre ni pierre ni brique, & cela fait un maſtic ſi dur, que les pics les mieux acérés n'y peuvent mordre, lorſque ce mortier a fait corps.

Dans toutes les obſervations qu'on a faites ſur la chaux, on a connu que plus elle eſt vive, plus elle foiſonne quand on l'éteint ; qu'elle porte alors plus de ſable, fait ſon mortier gras & bon : qu'étant gardée long tems après avoir été éteinte, pourvu qu'elle ſoit dans des foſſes bien couvertes de ſable, elle eſt meilleure ; c'eſt pourquoi les Romains ne vouloient pas qu'on en employât

L

pour leurs Edifices, qu'elle ne fût éteinte depuis deux ou trois ans. On a remarqué encore que la chaux en poussiere ne valoit rien, parce que son sel ayant changé de nature & de vertu, elle n'avoit plus celle de faire corps dans la maçonnerie.

Du Sable & de ses qualités.

On distingue principalement deux sortes de sables, dont on peut se servir pour faire le mortier : l'un est un sable de *cave*, que l'on nomme ainsi, pour faire entendre qu'on le trouve en fouillant dans la terre ; l'autre s'appelle sable de *riviere*, parce qu'effectivement on le prend dans le lit des rivieres & des fleuves. Le sable de cave se rencontre assez souvent sans approfondir beaucoup dans la terre, où il forme presque toujours des bancs, dont l'étendue & l'épaisseur changent selon la différence des lieux, qui lui donnent aussi une couleur différente. Mais comme la couleur ne décide de rien sur la bonne & mauvaise qualité, & qu'il est seulement question du grain, il faut, pour être de bon usage, que le sable ne soit point gras ni terreux, mais au contraire net, en sorte qu'en le frottant entre les doigts, il résonne. Le sable qui est trop fin & presque imperceptible, ne fait pas parfaitement corps avec la chaux, & le mortier qui en est composé, se réduit par la suite en poussiere.

Le sable de riviere est à préférer à celui de cave, parce qu'il est moins gras & beaucoup meilleur pour les enduits : ainsi, quand on est à portée d'en avoir, il faut, autant qu'il est possible, l'employer.

Le sable appellé gravier, étant purgé de tout ce qui le rend défectueux, est aussi de bon usage, principalement pour les fondations.

Pour juger du sable dont on est incertain, il faut en jetter dans un vase plein d'eau claire, & le brouiller ensuite avec la main : si l'on voit que l'eau devienne noire & bourbeuse, c'est une marque qu'il est gras & terreux ; si au contraire l'eau est presque aussi claire qu'auparavant, ou n'est devenue qu'un peu trouble, on sera convaincu que le sable est pur & net.

On se sert encore, au lieu de sable, de certaine poudre artificielle d'un très-bon usage pour les bâtimens, On fait piler des fragmens de brique & de tuile qu'on appelle *ciment*. On fait aussi piler des fragmens de pots, & autres vases de grès & des morceaux de mache-fer, provenant du charbon de terre brûlé dans les forges, lesquels étant réduits en poudre, on y mêle un pareille quantité de ciment de pierre de meule de moulin & de chaux vive éteinte, dont on compose un mortier excellent, qui résiste parfaitement à l'eau.

Le mortier se fait ordinairement d'un tiers de bonne chaux, & de deux tiers de sable ou ciment. Il ne s'agit, pour bien faire ce mortier, que de le bien broyer & corroyer, en y mettant le moins d'eau qu'on peut ; un mortier bien fait dure très-long-tems, & devient par la suite aussi dur que la pierre.

Méthode de composer un mortier à la maniere de M. Loriot.

1°. Il faut prendre de la chaux éteinte depuis long-tems, que l'on gachera avec attention, ensuite on y ajoutera un tiers de chaux vive, mise en poudre, & amalgamer & gacher le tout ensemble avec tout le soin possible; ce mélange s'échauffera & pourra acquérir en quelque minute une consistance pareille à celle du meilleur plâtre détrempé & employé. C'est une sorte de lapidification consommée en un instant. Les métaux en fusion ne se figent guere plus promptement, lorsqu'ils sont rétirés du feu. La dessication absolue de ce mêlange est achevée en peu de tems, & présente une masse compacte, sans la moindre gerçure, & demeure tellement adhérente à tous les corps auxquels on l'a unie : de plus ce composé est impénétrable à l'eau.

Dès que, par le résultat de l'expérience, les deux chaux se saisissent & s'étreignent si fortement, qu'elles ne font qu'un corps solide, l'on conçoit qu'elles peuvent aussi embrasser & contenir d'autres substances que l'on y introduira, les serrer & faire corps avec elles, selon la convenance plus ou moins grande de leurs surfaces & de leurs contextures, & par-là augmenter le volume de la masse qu'on veut employer.

Ces corps étrangers reconnus jusqu'ici pour les plus convenables à introduire dans le mortier, sont le sable & le ciment, ou brique pilée.

Prenez donc pour une partie de brique pilée très-exactement, & passée au sas, deux parties de sable fin de riviere, passé à la claie, de la chaux vieille éteinte, en quantité suffisante pour former dans l'auge, avec l'eau, un amalgame à l'ordinaire, & cependant assez humecté pour fournir à l'extinction de la chaux vive que vous y jetterez en poudre jusqu'à la concurence du quart, en sus de la quantité de sable & de brique pilée pris ensemble ; les matieres étant bien incorporées, employez-les promptement, parce que le moindre délai en peu rendre l'usage défectueux ou impossible.

Un enduit de cette matiere, sur le fond & les parois d'un bassin, d'un canal & de toutes sortes de constructions faites pour contenir & surmonter les eaux, opere l'effet le plus surprenant, même en l'y mettant en petite quantité : que seroit-ce si les construtions avoient été originairement faites avec ce mortier ?

La poudre de charbon de terre s'incorpore très-efficacement aussi avec ces mêmes matieres, jusqu'à une quantité égale à celle de la chaux vive ; la couleur de plomb qui en résulte, n'est qu'une accessoire qui peut trouver sa convenance dans l'occasion ; mais la substance bitumineuse que le charbon de terre contient, présente un rempart qui n'est pas moins impénétrable à l'eau, que les autres matieres auxquelles il s'associe.

Qu'on se contente d'ajouter un quart de chaux vive au simple mortier ordinaire de chaux fusée & de sable ; on en fera un crépi, qui dans vingt-quatre heures aura acquis plus de consistance que l'autre dans plusieurs mois.

Le mêlange de deux parties de chaux éteinte à l'air, d'une partie de plâtre passé au sas, & d'une quatrieme partie de chaux vive, fournit par l'amalgame qui s'en fait, à la consistance du mortier ordinaire, un enduit aussi propre pour l'intérieur des bâtimens, que tenace & non sujet à se gercer ; il faut toujours avoir la même attention de ne préparer ces mortiers que par augées, & à mesure qu'on les emploie.

Au défaut de sable, s'il s'agit de construction d'édifices qu'on voudra promptement élever, ou pour les enduits intérieurs, comme pour les crépis en dehors, on peut se servir de la terre franche. La plus sablonneuse sera la meilleure.

Si on ne peut avoir de la brique pilée pour les ouvrages destinés à recevoir l'eau, ou à la contenir, on peut y supléer, en faisant des pelottes de terre franche, qu'on laissera secher, & qu'on fera cuire ensuite dans un four à chaux, ou bien dans un fourneau particulier. Ces pelottes aisément réduites en poudre, valent la brique pilée.

Un tuf sec & pierreux, bien pulvérisé & passé au sas, peut remplacer & le sable & la terre franche ; il seroit même à préférer, à cause de sa légéreté, pour les ouvrages qu'on voudroit établir sur une charpente.

Les marnes, exactement pulvérisées & délayées avec précaution, à cause de leur onctuosité qui peut résister au mêlange, sont également propres à s'incorporer avec la chaux. La poudre de charbon de bois (*a*), & en général toutes les vitrifiations des fourneaux, celles des forges & des fonderies, crasses, laitiers, scories, mâche--fer, toutes celles qui sont impregnées de substances métalliques altérées par le feu, sont également susceptibles des entraves que ce mêlange des deux chaux leur prépare, & peuvent donner un ciment de telle couleur qu'on pourra desirer. On ne doit pas omettre pour le besoin, la pierre pilée; ces débris embarrassans de taille de pierre, les gravas des démolitions, des constructions originairement faites avec la chaux & le sable, qu'il faut souvent transporter au loin, peuvent être de la plus grande utilité.

Il faut cependant, en faveur de ceux qui sont chargés de l'apprêt des matieres, & tous ceux qui voudront faire la manipulation, observer qu'on ne peut pas assigner précisément la quantité de chaux vive à faire entrer dans le ciment, à cause des différens dégrés de forces qui se rencontrent, non-seulement entre la chaux ordinaire d'un canton & celle d'un autre; mais encore entre la chaux provenant des pierres de la même carriere, si elle a été plus nouvellement ou plus anciennement cuite : ici il en faut davantage, là il en faut moins. C'est pourquoi le sieur *Loriot* a pris un terme moyen, en assignant le quart en sus du total des matieres de sable & de brique pilée, qui est la mesure d'une chaux de médiocre qualité, employée en sortant du four : si la chaux étoit cuite depuis long-tems, il en faudroit plus, comme aussi il en faudroit moins si c'étoit une chaux de qualité supérieure, faite de pierre dure, qui absorbe beaucoup d'eau.

L'expérience commence aux environs de Paris, à montrer qu'il faut à peu-près un tiers de chaux de la plus parfaite qualité : cette chaux est inférieure à la bonne commune, qui le cede elle-même à celle qui se fait à Senlis, qui est la meilleure de toutes. Il est de la plus grande importance de connoître l'état & la qualité particuliere de la chaux qu'on doit employer, parce que

(*a*) Les cendres sont pernicieuses, & retardent la prise de la chaux.

c'eſt d'un juſte mêlange que réſulte la perfection de l'ouvrage. Une trop grande quantité de chaux vive, qui a beaucoup de force, qui boit beaucoup, ne trouvera pas à s'éteindre parfaitement & à ſe combiner en mortier ; elle brûlera & tombera en pouſſiere : celle au contraire qui, en s'éteignant, aura été inondée, ſans pouvoir abſorber l'eau dans ſa fuſion, en laiſſera de ſuperflue, qui, par l'évaporation dans le deſſéchement du mortier, le crévaſſera. On ne peut trop recommander les eſſais ſur la qualité de la chaux, même aux ouvriers qui auront opéré avec la plus grande juſteſſe dans un pays, & qui voudront travailler dans un autre. Indépendamment de l'avantage local qui peut ſe trouver plus ou moins grand, il faut qu'ils ſoient bien convaincus que la chaux ſe décompoſe à meſure qu'elle vieillit, & qu'il faut par conſéquent en augmenter progreſſivement la doſe ; que ſa mauvaiſe qualité peut même faire entiérement échouer l'ouvrage.

Pour avoir continuellement de nouvelle chaux, il ſeroit à deſirer que dans des travaux ſuivis & en grand, on eût des fours à chaux, comme ceux que l'on voit à Chartres ; ce ſont des fourneaux de formes coniques, remplis lit par lit alternativement de charbon de terre, & de pierre caſſée en petites parties. Ces fours ſe chargent par le haut, & à meſure du beſoin, on tire de la chaux par le bas : au moyen de cela on en a continuellement de nouvelle ; mais un avantage qui ne ſeroit pas moins conſidérable, c'eſt que, par ce procédé, on ſeroit maître de donner ſuivant la qualité de la pierre, le dégré de cuiſſon qui eſt néceſſaire, & qui n'exige pas toujours une auſſi conſidérable diminution de ſon poids, que celle qui eſt communément aſſignée ſur des épreuves particulieres ; on n'auroit pour cela qu'à augmenter ou diminuer à proportion les lits de charbon de terre.

Quant à la qualité du ſable, il y en a de carrieres, préférable à celui des rivieres, dont le grain eſt trop poli par le charriage.

La préparation du mortier ou ciment dont il s'agit, ſe peut faire de deux manieres : la premiere, en délayant exactement, avec la chaux éteinte & l'eau, les matieres de ſable, de brique pilée ou autres qu'on y veut faire entrer, à la conſiſtance qu'on a annoncée, c'eſt-à-dire, un peu plus claire que pour l'emploi ordinaire. C'eſt en cet état qu'il faut jetter de la chaux vive pulvériſée, en l'éparpillant & débroyant bien pour s'en ſervir incontinent. La ſeconde eſt de faire un mêlange de matieres ſeches, c'eſt-à-dire, du ſable, de la brique pilée & de la chaux vive, dans la proportion assignée ; mélange que l'on pourroit mettre dans des sacs, en dose convenable, pour une ou deux augées. La chaux éteinte d'un autre côté, étant portée avec l'eau, on pourra faire à l'instant du besoin, & même sur l'échafaud, la mixtion, comme l'on fait du plâtre, en gâchant & détrempant le tout avec la truelle.

La proportion des doses, une fois reconnue, les ouvriers à qui on délivre les matieres ainsi mêlangées, ne peuvent plus s'y tromper.

On sent, après tout ce qu'on vient de dire, à combien d'usages différens la découverte qu'on annonce peut avoir son application, & quels nouveaux avantages elle peut fournir dans toute la partie de la construction.

Mastic pour joindre les pierres des terrasses, pour empêcher la filtration des eaux.

Ce mastic se fait de limaille de fer, mêlée avec de l'urine, du sel, du poivre & de l'ail pilés. Ce mastic étant employé dans la bonne saison, & les joints des pierres bien grattés & bien nétoyés, il ne peut manquer de bien réussir.

De la construction des murs de terrasses.

Les murs de terrasse sont ceux qui demandent beaucoup d'épaisseur & beaucoup de fruit ou talut, à cause de la poussée des terres. On donne ordinairement de talut à ces murs la sixieme partie de leur hauteur ; on les fortifie aussi du côté des terres, par des contre-forts, espacés de 18 pieds de milieu en milieu.

Nous allons donner la mesure que doivent avoir ces murs pour résister à la poussée des terres, tant à leur base, qu'à leur sommet, ainsi que les dimensions des contre-forts, depuis 10 pieds de hauteur jusqu'à 100 pieds, par 5 pieds en 5 pieds.

Hauteur des murs de terrasses.	Epaisseur sur la base, pour un sixieme de talut.	Epaisseur du sommet pour un sixieme de talut.	Longueur des contre forts.	Epaisseur des contre-forts en racine.	Epaisseur des contre-forts à la queue.
10 *pi.*	5 *pi.* 3 *po.*	3 *pi.* 6 *po.*	4 *pi.*	3 *pi.* 0 *po.*	2 *pi.* 0 *po.*
15.	7. 0:	4. 6:	5.	3. 6:	2. 4:
20.	8. 6:	5. 3:	6.	4. 0:	2. 8:
25.	10. 0:	5. 9:	7.	4. 6:	3. 0:
30.	11. 3:	6. 3:	8	5. 0:	3. 4:
35.	12. 6:	6. 6:	9.	5. 6:	3. 8:
40.	13 6:	7. 0:	10.	6. 0:	4. 0:
45.	14. 6:	7. 3:	11	6. 6:	4. 4:
50.	15. 6:	7. 6:	12.	7 0:	4. 8:
55.	16. 9:	7. 9:	13.	7 6:	5 0:
60.	18. 0:	8. 0:	14.	8 0:	5. 4:
65.	19. 0:	8. 3:	15.	8. 6:	6. 8:
70.	20. 0:	8. 6:	16.	9. 0:	[illegible]. 0:
75.	21 0:	8. 7:	17.	9. 6:	6 4:
80.	22. 0:	8. 8:	18.	[illegible]0. 0:	5. 8:
85.	22. 6:	8. 9:	19.	10. 6:	7 0:
90.	23. 6:	8. 10:	20.	11. 0:	7. 4:
95.	24. 6:	8. 11:	21.	11. 6:	7. 8:
100.	25. 6:	9. 0:	22.	12. 0:	8 0:

Construction des murs de terrasse sur le roc.

Après que l'on aura déterminé les dimensions du mur & des contre-forts, on taillera le roc de niveau & par partie, selon ses inégalités, en observant de laisser du roc pardevant, 1 pied au moins de retraite, afin de faire un encastrement de 6 pouces de profondeur au moins, pour empêcher que la poussée des terres ne fasse couler le mur par le pied. Si c'est un mur de fossé pour contenir de l'eau, & qu'on veuille le construire en pierre de taille, on on aura attention de choisir la quantité qu'il convient pour cet ouvrage ; si au contraire on ne peut avoir que du moilon ou libage, on les posera a bain de mortier, même le premier rang.

On choisira les plus gros quartiers pour faire des chaînes de 9 en 9 pieds, avec carreaux & boutisses. Faute de pierre de taille, on terminera le sommet du mur avec un rang de moilons le plus plat posé de champ ; il faudra laisser, en construisant ce mur, de distance à autre, des barbes-à-cannes pour égouter les eaux. A mesure que l'on construira le mur, on amenera en arriere des terres qui seront battues avec une *dame*, de pied en pied de hauteur.

Construction des Murs de terrasses sur le bon terrein.

Il faut prendre garde de donner aux fondations plus d'un pied de profondeur, afin d'éviter de mettre les terres en mouvement ; mais pour tenir lieu de fondations profondes, il faudra mettre une piece de bois de chêne de 6 à 7 pouces de gros (*a*), le long du pied du mur, arrêté & serré contre le mur par des pieux ou pilots aussi de chêne, espacés de 4 pieds en 4 pieds, de 7 ou 9 pieds de long, sur 5 a 7 pouces de gros ; par ce moyen, on sera assuré que le pied du mur ne glissera pas par la poussée des terres, comme on l'a vu dans beaucoup d'endroits. Le reste se fera comme ci-devant.

Construction des Murs de terrasses sur un terrein douteux.

On ne fera pas plus de fondation que ci-dessus, avec cette différence que l'on établira un grillage de bois de chêne : la grosseur des bois de ce grillage variera à raison de la hauteur du mur ; les moindres auront 5 à 7 pouces de gros : on mettra par-devant des pilots espacés de 3 pieds en 3 pieds pour arrêter le grillage & pour empêcher que le mur ne vienne à glisser par le pied. Le reste se fera comme il a été dit ci-devant.

Construction des Murs de terrasses sur un terrein glaiseux, ou sur un sable mouvant.

La profondeur de la fondation sera comme il a été dit pour un bon terrein. On placera des pilots de 3 pieds en 3 pieds au refus du mouton, dans toute l'étendue de la fondation du mur & des contre-

(*a*) Tout bois employé dans terre doit être neuf.

forts. Ces pilots seront coëffés par des plateaux de bois de chêne de 6 à 12 pouces de gros, mis à plat & attachés sur les pilots avec des broches de fer à têtes perdues. Ensuite on asseoira la maçonnerie, que l'on bordera par une piece de bois de 7 à 9 pouces de gros, arrêtée & serrée contre la maçonnerie par des pilots au refus du mouton, espacés de 3 pieds en 3 pieds, pour empêcher le mur de glisser. Le reste se fera comme ci-dessus.

Avant que d'entrer sur les détails de la construction des murs pour les Edifices, nous allons décrire la maniere de conduire un bâtiment sur le terrein.

Après avoir fait un plan bien coté, sans confusion, on commencera par planter des piquets ou jalons pour tracer les lignes capitales du bâtiment, en observant de placer des repaires en nombre suffisant bien scellés & arrêtés, afin que personne ne puisse les déranger : après quoi on tendra des lignes pour tracer les murs de face & de refend de la largeur des empâtemens marqués sur le plan. Lorsque l'ouverture des terres sera faite & les fondations remplies à rez-de-terre, on doit prendre toutes les précautions nécessaires pour poser avec exactitude la premiere assise, en scellant des sapines quarrées, & bien étalonner les mesures par des hoches, sur lesquelles passeront les lignes paralleles, bien jaugées, & retourner d'équerre ce qui doit l'être, & sur-tout observer l'ouverture des angles gras ou maigres, & tracer correctement les tours creuses & rondes, selon qu'elles sont marquées sur le plan, afin que l'appareilleur puisse prendre les mesures pour tracer les pierres de taille nécessaires à la construction de l'édifice.

De la construction des Murs pour les Edifices.

Les fondations se font ordinairement de 3 pieds au moins dans un terrein ferme, d'une largeur convenable, selon la charge & la hauteur de l'édifice. Ces fondations seront remplies avec le moilon le plus dur & le plus mal fait à bain de mortier, même le premier rang. Ces fondations doivent toujours être de niveau & avec des redents, soit par rapport à l'inégalité du sol, ou bien par rapport à l'inégalité de la terre ferme.

Si l'on trouvoit un terrein douteux, & qu'il fallût creuser bien avant pour trouver le bon fond, on prendra le parti de faire un grillage, & on asseoira la maçonnerie dessus avec de gros quartiers de libage à bain de mortier.

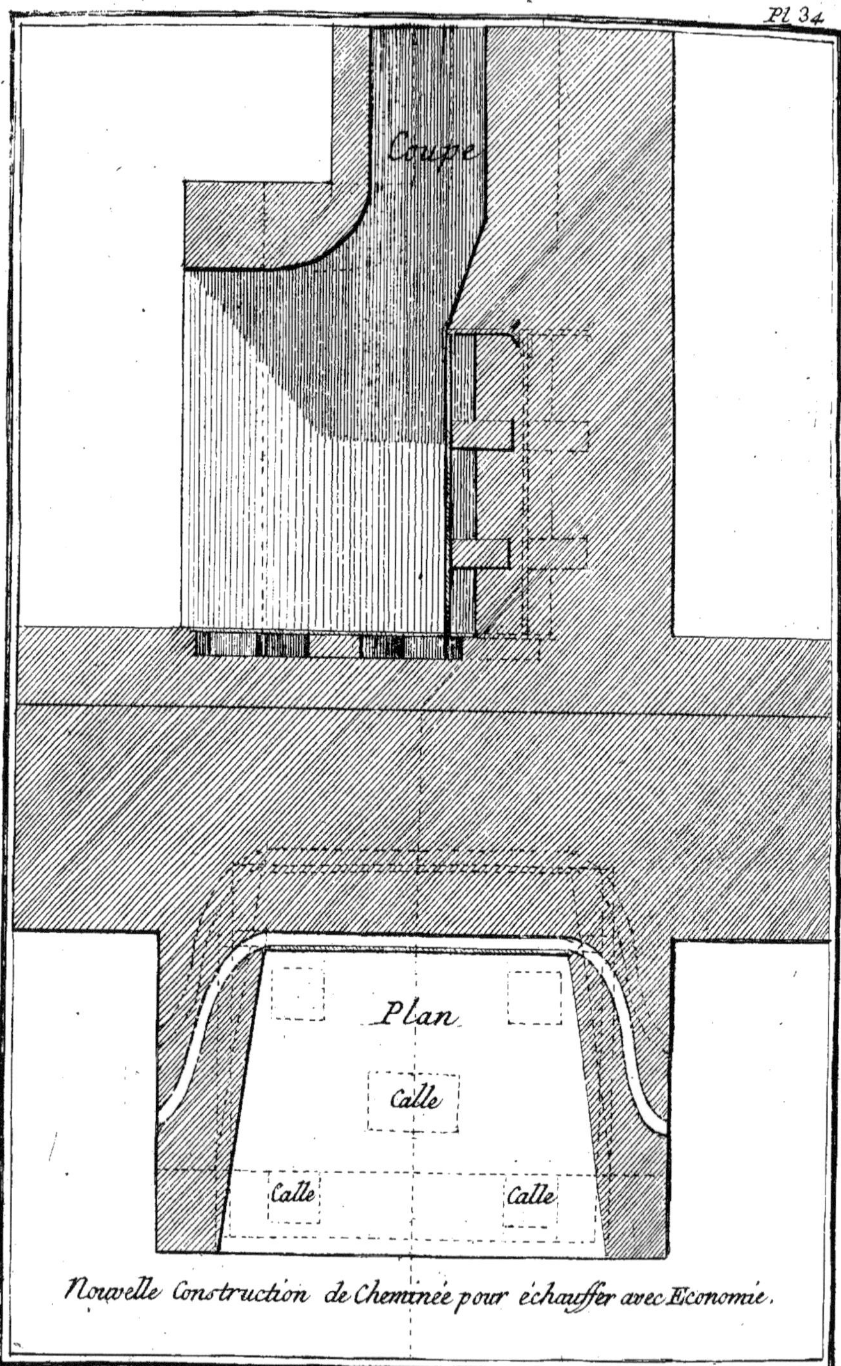

Nouvelle Construction de Cheminée pour échauffer avec Economie.

Si le terrein eſt glaiſeux, ou de ſable mouvant, on y plantera des pilots au refus du mouton, comme il a été dit à la page 89e pour les murs de terraſſes, afin de conſtruire le mur, dont les premiers rangs de pierres ſeront de gros quartiers de libage à bain de mortier.

De toutes les conſtructions des murs ſouterreins, il n'en eſt pas qui demandent plus d'attention que ceux des foſſes d'aiſance. On choiſira des moilons tendres & piqués qu'on poſera à bain de plâtre; & à ſon défaut, on emploiera un mortier de chaux & ciment; s'il y a un puits aux approches, on donnera au moins 2 pieds d'épaiſſeur au mur pour empêcher la filtration des matieres. Ces foſſes doivent être pavées à chaux & ciment & à bain de mortier.

Les fondations étant ainſi remplies de maçonnerie juſqu'à rez-de-terre, on élevera les murs hors de terre, ſoit en moilon ou pierre de taille. On aura attention, ſi l'on ſe ſert de plâtre, de n'en employer qu'à 3 pieds au-deſſus du niveau de la terre; on obſervera de conſtruire des chaînes de pierres dures ſous les poutres avec carreaux & boutiſſes, ainſi que pour les encoignures, afin d'oppoſer une force à la pouſſée des combles.

Si l'on conſtruit les murs en pierres de taille, & que la hauteur de l'édifice ſoit conſidérable, il faudra commencer aux premieres aſſiſes, par laiſſer 4 lignes de joint, & toujours en diminuant vers la partie ſupérieure, en ſe ſervant de calles de bon bois de chêne, bien dreſſées. Les pierres ſeront coulées & fichées avec du mortier de chaux & ſable, ou du plâtre mixtionné, ſi l'on eſt à portée d'en avoir.

La Planche trente-quatrieme repréſente le plan & la coupe d'une cheminée de nouvelle conſtruction, pour échauffer avec économie.

On commence par placer une plaque de fonte pour faire la baſe du foyer, ſelon la grandeur de la cheminée; cette plaque poſe ſur une feuillure d'un pouce de large; on la calle par place avec des morceaux de brique en échiquier, comme on le peut voir marqué ſur le plan; on ménage ſous cette plaque & au-deſſous du niveau du plancher un vuide de 2 pouces, ou environ. On ſcelle cette plaque très-exactement avec de la terre à poële, gachée avec de la bourre.

On fera le contre-cœur d'une plaque de fonte, dont la grandeur ſera proportionnée à la grandeur de la cheminée. Cette ſeconde plaque sera scellée & ajustée précisément comme la premiere, & retenue en outre avec des crampons de fer. Elle sera aussi appuyée sur des briques scellées dans la maçonnerie, comme on le peut voir par la coupe.

Deux tuyaux de fer blanc coudés & de longueur convenable, ayant leurs orifices de 2 pouces de haut, sur 1 de large, communiquant d'un côté avec le vuide ménagé derriere la plaque formant le contre-cœur de la cheminée, & de l'autre à l'air intérieur de la chambre. Ces tuyaux sont placés à 2 ou 3 pouces du plancher. Le reste de la cheminée se construira si on veut à l'ordinaire; mais on conçoit combien ces deux réservoirs d'air échauffé doivent répandre de chaleur dans les pieces où se trouvent de pareilles cheminées.

Il faut avoir la plus grande attention à bien boucher tous les joints des plaques & des tuyaux, comme il a été déja dit, avec de la terre à poële & de la bourre détrempée avec de l'eau; sans quoi la fumée passeroit avec l'air chaud que rendent ces sortes de cheminées.

Il n'est pas toujours possible d'enfoncer la plaque qui forme le contre-cœur dans la maçonnerie, ainsi que l'expriment les lignes ponctuées sur le plan & sur la coupe. Une cheminée peut être adossée à des tuyaux de cheminée, qui ne laissent pas cette liberté. Dans ce cas, il faudra avancer le contre-cœur de deux pouces en avant, & former un cadre en maçonnerie, proportionné pour le recevoir, en observant avec grand soin dans le scellement des crampons de fer & des briques, de remplir parfaitement les joints pour empêcher la fumée de la cheminée voisine, de pénétrer dans la piece que l'on veut échauffer.

Il faudroit en général diminuer beaucoup le foyer des cheminées; on devroit le réduire à 24 pouces dans le fond, & 28 ou 30 sur le devant, tout au plus : à 24 pouces de profondeur, y compris l'épaisseur des jambages, & 30 à 32 pouces d'ouverture de chambranle en hauteur.

Une telle cheminée qui auroit en outre un tambour ou languette formée d'une planche de fer blanc ou de plâtre, de 14 à 15 pouces de large, faisant sur les parois latérales un angle de 45 degrés, & recevant la fumée par un tuyau en forme de pyramide tronquée renversée; une telle cheminée, dis-je, ne fumeroit point ou très-difficilement, & donneroit beaucoup de chaleur en dépensant beaucoup moins de bois. Il en existe plusieurs conftruites sur ces principes, & qui réussissent à merveille. On peut à l'extérieur donner à ces cheminées telle dimension qu'on veut à leur tuyau de fumée.

De la Charpenterie.

Les principales parties de la charpenterie, qui entrent dans la composition d'un bâtiment, sont les planchers, les pans de bois, les cloisons, les escaliers, & principalement ceux que l'on appelle de dégagement ou dérobés. Les combles, &c. toutes ces différentes parties se construisent en bois de chêne, le châtaigner est bon pour la construction des combles.

Les planchers se font de différentes pieces de bois & se construisent de plusieurs manieres, sur-tout lorsqu'on est obligé d'y employer des *poutres.* Dans ce cas, on pourra se regler sur la table suivante, qui présente la grosseur que doivent avoir les poutres sur une longueur donnée de 3 pieds en 3 pieds, depuis 12 jusqu'à 42 pieds. Cette table a été faite d'après une regle fondée sur l'expérience.

Longueur des poutres.	*Largeur.*	*Hauteur.*
Une poutre de 12 pieds aura	10 pouces sur	12 pouces.
15	11	13.
18	12	15.
21	13	16.
24	13 po. ½	18.
27	15	19.
30	16	21.
33	17	22.
36	18	23.
39	19	24.
42	20	25.

Il est aisé de voir par cette table, qu'il faut que les poutres ayent toujours plus de hauteur que de largeur, à peu-près dans le raport de 6 à 5, parce qu'alors il y a plus de parties qui résistent au fardeau.

Les solives qui ont depuis 9 pieds jusqu'à 15, ont ordinairement 5 à 7 pouces de gros; les autres grosseurs au-dessus sont le plus souvent de bois de brin, qui servent pour de grandes travées, ou pour servir de solives d'enchevêtrure.

Table pour la grosseur des solives des bois de Brin, pour les grandes travées depuis 18 pieds jusqu'à 27, de 3 pieds en 3 pieds.

Longueur.	*Largeur.*	*Hauteur.*
18 pieds auront	6 pouces sur	8 pouces.
21	7	9.
24	8	10.
27	9	11.

Quand les bois sont bien conditionnés, ces grosseurs doivent suffire. Il faut, autant qu'il est possible, que les solives soient d'égale grosseur par les deux bouts, & que les espaces qu'on laisse entr'elles, qu'on appelle *entre-vous*, soient pour les moindres de 6 pouces, & 8 pouces pour les plus grosses solives.

De la construction des Planchers.

On construit les planchers de trois manieres différentes, lorsqu'on est obligé d'employer des poutres. A l'égard des poutres, on est en usage de les refendre en deux, & l'on met le dehors en dedans; on y incruste trois morceaux de bois de brin de la meilleure qualité de 4 à 6 pouces de gros, mis en coupe, sur celui du milieu qui forme clef, on place trois étriers de fer pour soutenir les deux demi-poutres qu'on unit ensemble avec des boulons à écrous. On a aussi attention de mettre des ancres à chaque bout, pour empêcher l'écart des murs, comme on le peut voir sur la *Planche* 35e, *figure* 1re, qui représente la longueur de la poutre, & la *figure* 2me la coupe. Cette nouvelle invention est incomparablement meilleure que de laisser les poutres d'un seule morceau.

Dans la construction des planchers, les poutres seront ou entierement apparentes, ou à demi-apparentes, ou cachées en totalité dans l'épaisseur du plancher. La *figure* 2e représente la construction d'un plancher avec poutres entiérement apparentes. La *figure* 3 représente un plancher avec poutres à demi-apparentes, ayant de chaque côté une lambourde de même longueur que la poutre, soutenue de 4 pieds en 4 pieds par des étriers de fer. La *figure* 4 représente la construction d'un plancher avec poutres cachées : il est aisé de voir qu'avec de telles poutres, on est obligé d'employer deux rangs de solives; le rang de dessus est posé sur la poutre; le second rang est à tenons & mortaises dans les lambourdes.

La *figure* 5e représente une piece de bois d'une moyenne force

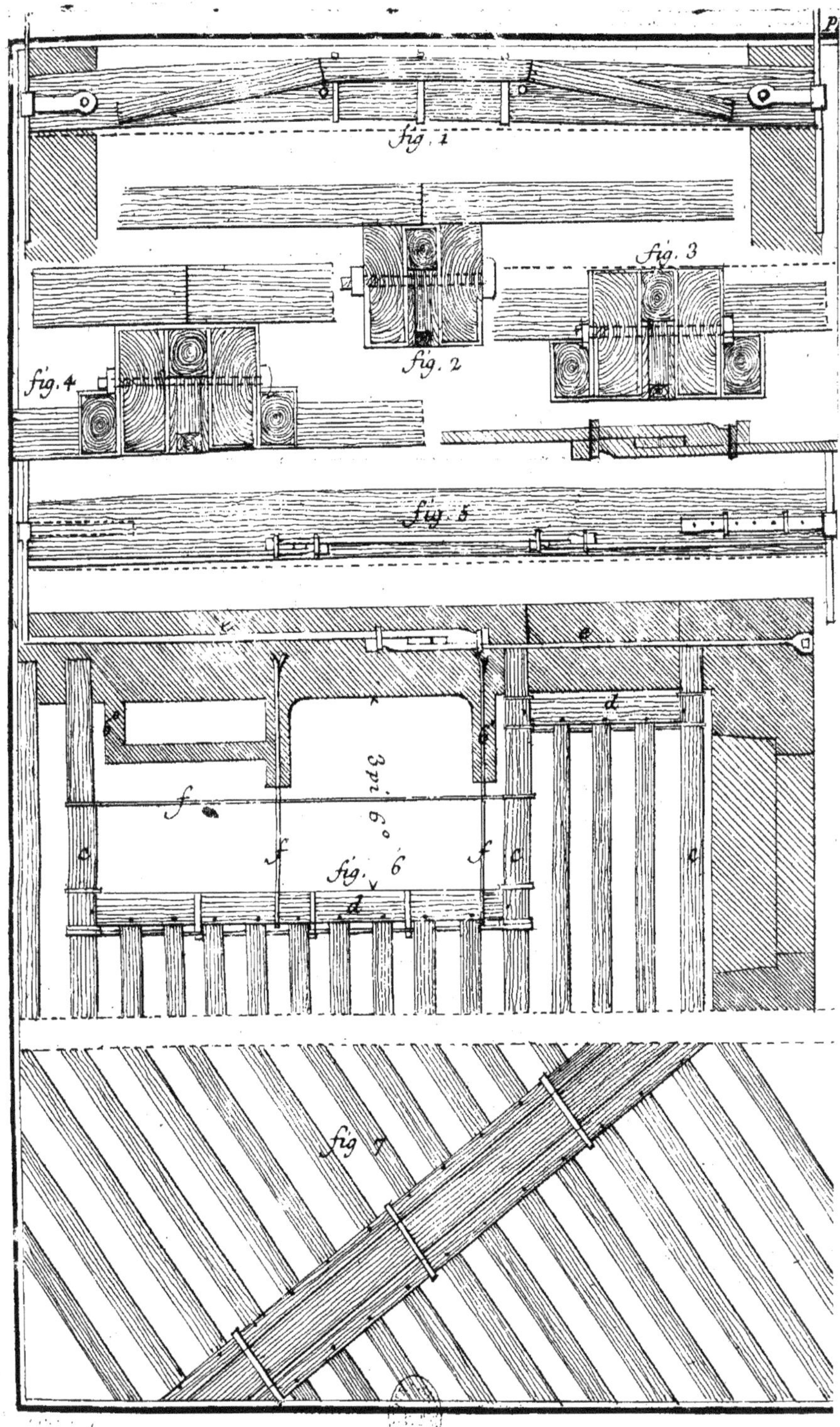
fig. 1
fig. 2
fig. 3
fig. 4
fig. 5
fig. 6
fig 7
c
c
c
d
d
f
f
f
f
3pi 6o

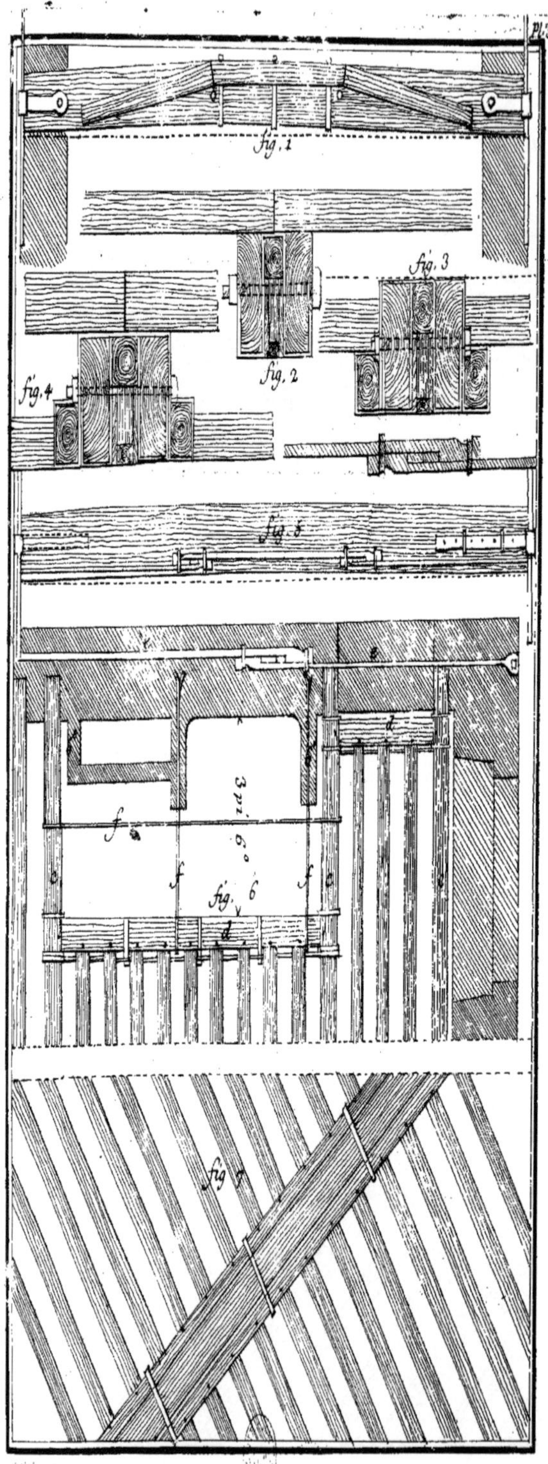
Pl.35
fig. 1
fig. 2
fig. 3
fig. 4
fig. 5
fig. 6
3 pi. 6 po.
fig. 7

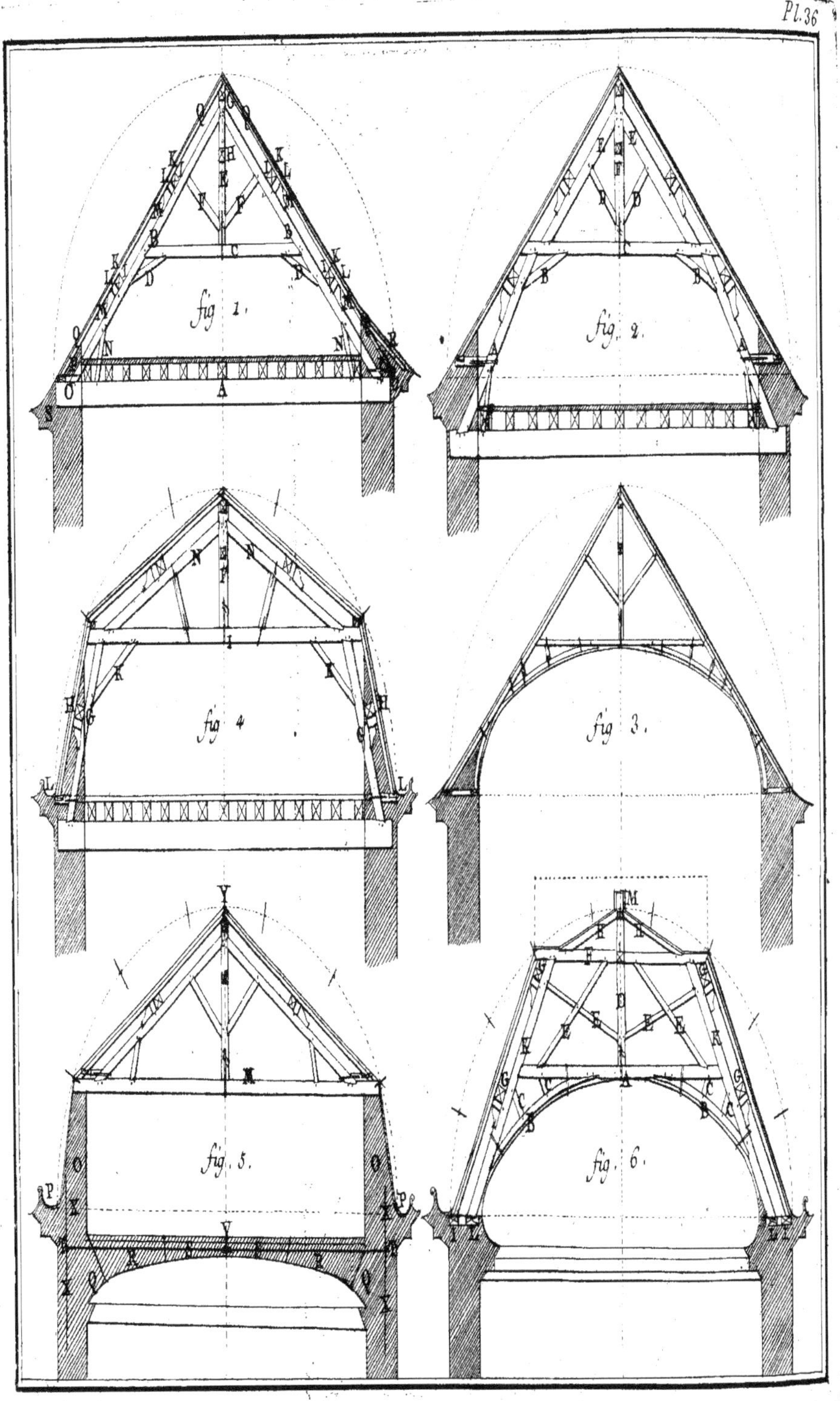
fig 1.
fig. 2.
fig 4
fig 3.
fig. 5.
fig. 6.

qu'on appelle *filet*, laquelle pourroit faire l'office d'une poutre, pourvu qu'elle fût arquée, ou qu'on la rendît telle par le moyen des tirans de fer qu'on y mettroit de chaque côté, & qui s'accrocheroient par les bouts. On a detaillé en grand le raccord des tirans de fer au-dessus à droite. Par le moyen des coins de fer avec petites calles de bon bois de chêne, on peut faire serrer les tirans tant qu'on voudra.

Cette piece de bois étant ainsi ferrée, elle acquerrera autant de force qu'une grosse poutre, & par là on peut éviter les doubles rangs de solives, pout cacher les poutres.

La figure sixieme représente la construction d'un Plancher, avec solives d'enchevêtrure.

c solive d'enchevêtrure ; *d* linçoir (*a*). Les autres solives sont appellées simplement *solives*, ou solives de remplissage. On a soin de placer des tirans de fer *e* dans les murs de refend, pour empêcher l'écart des murs de face. Il vaut mieux bander les portes & les croisées, que d'y mettre des linteaux. *f* barre de fer pour soutenir les jambages de la cheminée & pour construire la bande de tremise (*b*). Les solives d'enchevêtrure & les linçoirs doivent être armés d'étriers de fer pour rendre plus solides les solives de remplissage.

La *figure septieme* représente un plancher construit avec un *coyer*. C'est une piece de bois d'une moyenne force que l'on met en diagonale dans une piece de peu de grandeur, afin de faire servir des bouts de solives que l'on met en *empanons*. Il feroit à propos de ferrer cette piece de bois comme nous avons dit pour la *figure* 5e, & de lui faire porter lambourdes, afin de lui conserver sa force, qu'on affoiblit ordinairement par les mortaises qu'on y fait pour recevoir les solives.

Si l'on est dans la volonté de plafonner les planchers, il faut avoir attention de n'employer que du bois sec : l'expérience a fait voir

---

(*a*) Morceau de bois qui est à tenons & mortaises dans les solives d'enchevêtrure, dans lequel morceau sont enmanchées les solives de remplissage.

(*b*) On appelle bande de tremise le vuide que l'on laisse devant les cheminées, où il ne doit point entrer de bois à cause du feu, elle se bande avec des plâtras & du plâtre. On y garnit les solives d'enchevêtrure avec du rapointissage ou vieux clous, afin que le tout soit parfaitement uni au plancher.

trop souvent qu'il pourrissoit, quand il n'avoit pas jetté toute son eau. En général tous les bois recouverts ou scellés dans les murs sont sujets à cet inconvénient.

Quand les solives ont une grande portée, elles plient beaucoup dans le milieu, & les unes plus que les autres; c'est pourquoi il faut les lier ensemble, afin qu'elles ne fassent qu'un même corps. Il faut mettre entre les solives, des bouts de bois qu'on appelle *êtresillons* : on fera au bout de chaque êtresillon une petite entaille dans chacune des solives, & on l'arrêtera de maniere que le bois venant à diminuer, il ne tombe point, & l'on poussera l'êtresillon à grands coups de marteau. Tous les êtresillons étant ainsi placés, le plancher ne fera qu'un corps.

Des Pans de bois.

Les pans de bois étoient fort en usage dans les anciens bâtimens des villes, où la pierre de taille est rare: mais à Paris, où la pierre de taille est commune, on n'en fait guere de cette espece.

Les poteaux qu'on emploie aux pans de bois, doivent être plus forts que ceux qu'on met aux cloisons qui ne servent que de séparations. Les principaux poteaux qu'on appelle *poteaux corniers*, posés sur un angle saillant, comme à l'encoignure d'une rue, doivent être plus forts que les autres; ces poteaux portent ordinairement depuis le dessus du premier plancher, s'il se peut, jusqu'à l'entablement, & doivent avoir au moins 9 à 10 pouces de gros, parce qu'il faut que les sablieres soient assemblées dedans à chaque étage. Le poteaux d'huisserie pour les croisées doivent avoir 6 à 8 pouces

Quand on est obligé de mettre des guettes ou des croix de saint André sur les vuides des boutiques ou autres, il faut que ces guettes ayent au moins 7 à 8 pouces, & que tous les poteaux des pans de bois soient assemblés à tenons & mortaises par le haut & par le bas dans des sablieres. Ces sablieres doivent être posées à la hauteur de chaque étage : il faut qu'elles ayent au moins 7 à 9 pouces de gros, posées sur le plat, & si elles failloient un peu au-delà des poteaux en dehors, cette saillie servira à porter les plinthes que l'on fait ordinairement au droit de chaque plancher.

Quand les pans de bois sont d'une grande hauteur, il est nécessaire que les bois en soient bien choisis & bien assemblés, que tout soit lié ensemble avec des équerres & des barres de fer, en sorte que le tout ne fasse, s'il se peut, qu'un même corps.

Des

Des Cloisons.

Il y a des cloisons destinées à différens usages ; le unes sont pour porter des planchers, & les autres ne servent simplement que de séparation. Celles qui doivent porter les planchers ou autre chose, doivent être posées sur un mur fondé solidement. Les poteaux qu'on emploie à ces sortes de cloisons, sont ordinairement de 4 à 6 pouces de gros, quand les étages n'ont que 10 à 12 pieds de hauteur ; mais quand ils ont 14 à 15 pieds, il faut du bois de 5 à 7 pouces de gros : si les étages sont plus hauts, comme de 18 à 20 pieds, on emploie des poteaux de 6 à 8 pouces de gros ; sur-tout quand les planchers qu'on doit poser dessus sont bien pesans. Aux cloisons dont les poteaux ont 4 à 6 pouces, il faut que les sablieres ayent 5 à 7 pouces ; à celles dont les poteaux ont 5 à 7 pouces, les sablieres auront 6 à 8 pouces, ainsi du reste. Il faut que le tout soit bien assemblé à tenons & mortaises par le haut & par le bas. On ne mettra pas de dents de loup pour arrêter les poteaux aux sablieres, car cela fait un mauvais ouvrage.

Quand les cloisons sont recouvertes des deux côtés, & qu'on veut que les poteaux d'huisserie soient apparens, il faut que les poteaux soient de meilleur bois & qu'ils ayent au moins 2 pouces de plus que les autres, pour la charge de la latte & du plâtre de chaque côté. Il faut en outre faire une feuillure d'un pouce un quart le long des mêmes poteaux, pour y attacher le latis, afin que l'enduit de la cloison afleure le devant de ces poteaux. Si l'on veut que les poteaux d'huisserie fassent chambranle, on les prendra de grosseur convenable.

Quand les cloisons doivent être maçonnés à bois apparent, on se contente d'y larder du rapointis en tout sens & sans ordre.

Quand les cloisons ne servent que pour des séparations, & qu'elles sont posées sur des poutres ou des solives, c'est-à-dire à faux, ce qui arrive souvent, il faut que les poteaux soient beaucoup moins forts que ceux dont nous venons de parler, afin que les cloisons pesent moins. On se sert pour cela de tiers-poteaux, qui ont 3 à 5 pouces de gros, posés de plat. Quand les planchers sont fort hauts, on met des liernes (*a*) par le milieu. Pour empê-

(*a*) Espece de sablieres de 4 à 6 pouces de gros, posés de champ, dans lesquelles on emmanchent les poteaux à tenons & mortaises.

cher que les poteaux ne plient, on fait ces sortes de cloisons creuses, afin qu'elles soient plus légeres. Si les cloisons ne sont pas posées sur des poutres & qu'il faille par quelque nécessité les poser sur les solives d'un plancher, il faut faire ensorte qu'elles soient mises en travers sur plusieurs solives, afin que chaque solive en porte sa part ; ou si l'on est contraint de les mettre dans un autre sens sur une seule solive, il faut les faire les plus légeres qu'on peut, & y faire des décharges; il faut aussi observer que la solive sur laquelle on pose la cloison, soit plus forte & meilleure que les autres. On pourroit même faire poser la cloison sur trois solives en mettant de distance en distance des barres de fer, portant sur les deux solives voisines de celle qui porte la cloison, & faire ensorte que la sabliere porte sur ces barres de fer.

On se sert encore d'une autre cloison plus légere pour soulager les planchers. On prend des ais de bateau qu'on met par haut & par bas, entre des coulisses faites dans des sablieres de 3 pouces d'épaisseur ; on fait des languettes dans ces ais pour les passer dans les coulisses, & on cloue le tout avec les sablieres. Quand il y a trop de hauteur, & que les ais peuvent plier, on met des liernes dans le milieu, & on assujettit bien le tout dans les murs. Quand on est obligé de faire des portes dans ces sortes de cloisons, on les fait de tiers-poteaux sur le plat, avec un linteau de même. On doit laisser 3 ou 4 pouces d'intervalle entre les ais.

Des Escaliers.

Les principales pieces qu'on emploie pour *les escaliers*, sont les patins sur lesquels ils sont posés, les limons dans lesquels on assemble les marches, les poteaux pour poser les limons, les pieces de palier, les noyeaux, les pieces d'appui, &c. On ne se sert plus guere de noyeaux posés de fond, à moins que l'on n'y soit contraint par le peu de place. On fait porter le tout en l'air, de piece de palier en piece de palier ; on fait tenir le tout par de bonnes décharges, avec des boulons de fer à écrous.

Quand on veut faire un escalier, il faut qu'il soit posé solidement sur un mur de chiffre bien fondé; on met au rez-de-chaussée, une assise de pierre de taille, sur laquelle on pose les patins où doivent être assemblés les poteaux qui portent les limons ou les noyeaux posés de fond.

Les patins sont de bois de 8 à 9 pouces, les poteaux de 4 à 6 pouces. On fait les limons d'une hauteur & largeur proportionnées à la hauteur des marches qu'on distribuera, comme nous avons dit *à la page* 47e. On fait une entaille d'un bon pouce dans le limon pour porter les marches : outre la mortaise qui sert pour l'assemblage des marches, on fait une moulure aux arrêtes des limons par dessus & des deux côtés. On employe des pieces de palier proportionnées à leur longueur de 5 à 7 pouces, de 6 à 8 pouces, de 8 à 9, & même de plus s'il est besoin.

Des Combles.

La Planche trente-sixieme contient plusieurs exemples de Combles différens.

La figure premiere représente un comble droit à l'équerre, dont le bâtiment a 36 pieds hors œuvre. A *poutre*. B *arbalêtiers*; quand ils sont un peu courbés par dessus, ils n'en valent que mieux : ils auront 8 à 9 pouces de gros posés de champ. C entrait qui aura de même 8 à 9 pouces, posé de champ. Les aisseliers D 8 pouces. Les *jambettes* N 8 pouces. Le *poinçon* E 8 pouces avec un étrier de fer qui passe pardessous l'entrait. Les *contre-fiches* F 6 à 7 pouces. Si la travée a 12 pieds, le *faîte* G, & le *sous-faîte* H auront 6 à 8 pouces. Les *liens* du sous-faîte & du faîte auront 5 à 7 pouces. Les *pannes* I 8 pouces. L *tasseau*. M *échantinolle*. Q *chevrons*, ils sont ordinairement de 4 pouces quarrés & sont posés de 4 à la latte, & *brandis* sur les pannes. O *plates-formes* pour poser le pied des chevrons : ces plates formes doivent avoir au moins 4 à 8 pouces ; on les met quelquefois doubles avec des *entretoises* & des *blochets* P, avec un étrier de fer tenant à l'arbalêtier. Quand l'entablement a beaucoup de saillie, on met des *coyeaux* R, pour former l'égoût du comble ; ces coyeaux sont faits de bouts de chevrons coupés en biseau ; mais en disposant l'entablement comme S, on peut s'en passer. Sur la poutre A on a marqué la distribution des solives, & la charge du carreau par dessus.

La figure deuxieme représente un comble droit fait avec des *jambes-de-force*. On en use ainsi lorsque le dessus de la poutre se trouve au-dessous de l'entablement. Quand les jambes-de-force A sont un peu courbées, elles n'en valent que mieux. Elles doivent avoir 9 à 10 pouces de gros, posées de champ. L'entrait G 8 à 9 pouces. Les aiſſeliers D 8 pouces. Le poinçon F 8 pouces quarrés Les arbalêtiers E 6 à 8 pouces poſés de champ. Les contre-fiches D 5 à 7 pouces : tout le reſte peut être comme dans l'exemple ci-devant.

La figure troiſieme repréſente un comble droit, où chaque chevron porte ſa ferme : ce genre de conſtruction eſt bien léger, car on y employe du bois qui n'a que 4 à 5 pouces de gros, à l'exception des plates-formes qui ſont comme ci-devant. On choſit pour ces ſortes de combles le bois le plus beau & le plus droit. On fait uſage de ſes combles lorſqu'on eſt obligé de former la calotte d'une piece dans les combles. Il ſuffit de jetter les yeux ſur la figure pour en connoître les aſſemblages, ainſi que les liens de fer qui ſont néceſſaires dans cette conſtruction.

La figure quatrieme repréſente un *Comble-briſé*, ou à la *Manſarde*. On diviſe le demi-cercle L H H L, en 5 parties égales ; la premiere diviſion donne la hauteur du briſé. Du point milieu du demi-cercle on forme le reſte du comble. G jambes-de-force, qui doivent avoir 8 à 9 pouces de gros. Les aiſſeliers K doivent avoir 7 à 8 pouces. L'entrait I doit avoir 8 à 9 pouces, poſé de chan : les arbalêtiers N 7 à 8 pouces. Si la travée à 12 pieds, les pannes H du briſé auront chacune 7 à 8 pouces. Le poinçon F 8 pouces. Les autres pannes, faîtes & ſous-faîtes auront les mêmes groſſeurs que ceux de la *figure premiere & deuxieme.*

La figure cinquieme repréſente un autre comble-briſé & forme un étage quarré dans le briſé. Pour cet effet on diviſe le demi-cercle P Y P en 7 parties égales. La premiere diviſion donne le briſé du comble qu'on fait ordinairement en maçonnerie ſur laquelle on attache l'ardoiſe ſur un enduit de plâtre. O en fait voir le profil. L'entrait M aura 9 à 11 pouces de gros poſé de chan, & ſera ſoutenu dans ſon milieu par un étrier de fer tenant au poinçon. Tous les autres bois auront la groſſeur des bois du comble ci-devant, *figure quatrieme.* P cheneau de plomb pour conduire les eaux du comble dans des tuyaux de deſcente.

La figure cinquieme repréſente auſſi la conſtruction d'un plancher où l'on n'a pas employé de bois, en faiſant des voûtes plates en brique. Il faut avoir attention de placer des tirans de fer ſur les murs de refends, avec des ancres X & tenus en T, & agraffés en V. On fera bander ces tirans avec des coins de fer. (*Voyez les développemens des tirans de fer, planche trente-cinquieme, pour empêcher l'écart des murs.*)

La maçonnerie Q est disposée en coupe pour recevoir la voûte, qui doit être construite avec de la brique & du plâtre mixtionné avec de la poussiere ou de la cendre. Les parties R seront à brique de bout & de travers, & les parties S seront à brique en travers seulement. Il faut choisir la brique la plus légere; par conséquent la mieux cuite.

La figure sixieme représente un autre genre de comble brisé, qui se fait ordinairement sur l'avant-corps du milieu d'un bâtiment, ou sur des pavillons, en occupant toute la hauteur pour former une calotte jusqu'à l'entrait A; pour cet effet, il faut diviser le demi-cercle I M I, en neuf parties égales: les trois premieres divisions donnent le brisé du comble, qu'on borde quelquefois d'un balcon de fer, afin de pouvoir tourner à l'entour sur le comble.

Les jambes-de-force K auront 8 à 9 pouces de gros: elles seront enmanchées à tenons & mortaises, & chevillées dans les sablieres L, qui auront 6 à 12 pouces de gros. Les pannes G, si la travée a 12 pieds, auront 7 à 8 pouces posées de champ: l'entrait A 8 à 9 pouces. Les liens B 7 à 8 pouces. Le faux entrait F aussi 7 à 8. Le poinçon D 8 pouces quarrés. Les liens C & E, auront 6 à 7 pouces. La couverture qui posera dessus sera de plomb. Les autres chevrons seront comme à l'ordinaire, ainsi que les sablieres I. Toute la charpente de ces différens combles sera faite avec embreuvement, comme on le peut voir sur les figures.

Des Couvertures.

On fait plusieurs sortes de couvertures; la plus commune est celle de tuile, & la plus belle est celle d'ardoise. Il y a trois sortes de tuiles; l'une s'appelle *grand moule*, l'autre *moule bâtard*, & le dernier, *petit moule.* On n'emploie ordinairement à Paris que celle du grand moule, peu de celle du petit moule, & rarement celle du moule bâtard.

La tuile du grand moule vient de Passy & de Bourgogne: celle de Bourgogne passe pour la meilleure. La tuile du grand moule a 13 pouces de long, sur 8 pouces ½ de large : le millier fait environ 7 toises en superficie.

La tuile du petit moule vient des environs de Paris : on la fait de différente grandeur. La plus forte a environ 10 pouces de long, sur 6 pouces de large ; on lui donne [illegible] pouces de pureau. Il en faut environ 288 pour la toise superficielle.

La meilleure tuile est celle qui est faite d'une argille bien grasse, qui n'est ni trop rouge, ni trop blanche, qui est si bien séchée & si bien cuite, qu'elle rend un son clair : car celle qui n'est pas assez cuite se feuillette & tombe par morceaux ; l'expérience en doit décider. C'est pourquoi la vieille tuile est ordinairement la meilleure.

La latte dont on se sert pour la couverture de tuile s'appelle *latte quarrée* : elle doit toujours être de bois de chêne de la meilleure qualité, de bois de droit-fil, sans nœuds ni aubier ; chaque latte doit être clouée sur quatre chevrons qui font trois espaces, dans chacun desquels on met une *contre-latte*, clouée de deux en deux contre les lattes ; la distance du dessus d'une latte au-dessus de l'autre, qui est ce qu'on appelle *pureau*, doit être du tiers de la hauteur de la tuile, à prendre au-dessous du crochet. Les faîtes des combles sont couverts par des tuiles recourbées qu'on appelle *faîtieres*, scellées en plâtre en forme de crêtes dans chaque joint : tous les *égouts*, *filets*, *solins*, *arrêtiers* sont aussi faits avec plâtre, ou à son défaut avec du mortier de chaux & ciment.

Il y a deux sortes d'ardoise, l'une vient d'Angers, & l'autre de Méziéres & de Charleville : la meilleure est celle d'Angers, & à Paris on n'emploie guere de l'autre.

L'ardoise d'Angers est de 4 échantillons.

La premiere s'appelle *la grande quarrée forte* : le millier fait environ 5 toises superficielles.

La seconde s'appelle *la grande quarrée fine* : le millier fait environ 5 toises ½ superficielles.

La troisieme s'appelle *petite fine* : le millier fait environ 3 toises superficielles.

La quatrieme s'appelle la *quartelette* ; elle est faite pour les dômes : le millier fait environ 2 toises ½ superficielles.

En général la meilleure ardoise est celle qui est la plus noire, la plus luisante & la plus ferme.

La latte dont on se sert pour la couverture d'ardoise s'appelle *latte-volice* : elle doit être de chêne de bonne qualité, comme il a été dit de la latte quarrée; chaque latte doit être clouée sur 4 chevrons: la contre-latte doit être de bois de sciage, & assez longue.

Le pureau de l'ardoise doit être comme celui de la tuile, le tiers de la hauteur de l'ardoise; ainsi les lattes qui sont plus larges que la quarrée, se touchent presque l'une l'autre: il faut au moins trois clous pour attacher chaque ardoise.

On se sert ordinairement de tuile pour faire les égouts de la couverture d'ardoise, parce qu'elle est plus forte que l'ardoise. On met ces tuiles en couleur d'ardoise à l'huile, afin qu'elles résistent mieux au mauvais tems.

Les enfaîtemens des couvertures d'ardoise doivent être de plomb. Les *œils de bœuf*, *les noquets*, *les nouës*, le devant des lucarnes *damesoilles*, les *goutieres* & *chêneaux*, les *bavettes*, *membrons*, *amortissemens* & autres ornemens qu'on fait aux couvertures d'ardoises, sont aussi de plomb: on lui donne telle longueur & épaisseur que l'ouvrage l'exige.

Poids du plomb laminé, au pied quarré suivant ses différentes épaisseurs.

		liv.	onces.
Le pied quarré.	D'une ligne d'épaisseur, pese	5	8
	D'une ligne $\frac{1}{4}$	6	14
	D'une ligne $\frac{1}{2}$	8	4
	D'une ligne $\frac{3}{4}$	9	10
	De 2 lignes	11	0
	De 2 lignes $\frac{1}{4}$	12	6
	De 2 lignes $\frac{1}{2}$	13	12
	De 2 lignes $\frac{3}{4}$	15	2
	De 3 lignes	16	8

Du carreau de terre-cuite.

Les chambres ordinaires sont carrelées de petits carreaux de terre-cuite, à six pans, que l'on fabrique à Paris & dans les tuileries aux environs. Les salles par bas sont carrelées de grands carreaux de même terre & à six pans.

Les cheminées sont carrelées de grand carreau quarré, de six pouces sur tout sens. Le petit & le grand carreau se pose avec du plâtre mixtionné de poussiere. Un millier de grands carreaux de six pouces, à six pans, fait six toises de superficie.

Le carreau d'âtre sert pour les cheminées & les fours : il a 6 pouces, ou 7 $\frac{1}{2}$ sur tout sens. Le millier de petits carreaux de 4 pouces à six pans fait un peu plus de 3 toises superficielles.

On fabrique dans les environs de Paris de ce petit carreau; mais d'un échantillon plus grand que celui de Paris, dont le millier fait 3 toises $\frac{3}{4}$ de superficie.

Les Potiers de terre de Paris fournissent encore des boisseaux de terre-cuite, vernissés en dedans, pour les tuyaux des fosses d'aisance, & des demi-boisseaux pour les ventouses.

De la Ferrure.

Le meilleur fer qu'on puisse employer est sans contre-dit le fer de Berry. Il y en a de deux sortes, le fer battu & le fer étiré.

Le fer de Bourgogne est doux & aisé à travailler, ainsi que celui des forges de Senonge & de Vibray dans le pays du Maine : celui de Vibray est plus ferme.

Les fers de Normandie, de Champagne & de saint Dizier sont cassans & de gros grains.

Les fers de Roche & de Nevers sont de bonne qualité & approchent de l'acier : ils sont superieurs à ceux de Bourgogne & du Maine.

Les fers de Suéde, d'Allemagne & d'Espagne, vers saint Sébastien, sont bons pour les ouvrages polis & délicats; mais ils ne valent rien en grosse construction.

Quand on voit des gersures de travers à une barre de fer, & que le fer n'est pas pliant sous le marteau, ce fer est *rouverain*, c'est-à-dire cassant à chaud, difficile à forger & pailleux.

Après avoir cassé une barre de fer, si le dedans est noir & cendreux, le fer est bon, malléable à froid & à la lime, & peu sujet à se rouiller.

Un fer qui à la casse paroît noir & gris, tirant sur le blanc, est excellent pour les gros ouvrages de bâtimens, ainsi que celui qui a le grain fin comme l'acier.

Le fer qui à la casse paroît de gros grain, & clair comme de l'étain, est de mauvaise qualité, cassant à froid, tendre au feu, aisé à se rouiller & à se manger.

La qualité du fer se connoît encore en le forgeant; car s'il est doux sous le marteau, il sera cassant & froid, & s'il est ferme, il sera pliant à froid.

Echantillon

Echantillon du Fer.

Le fer *plat* a 2 pouces de large, & un demi-pouce dépaisseur : sa longueur est de 9, 12 & 15 pieds.

Le fer *quarré* est de différentes longueur & grosseur : il y en a d'un pouce quarré & de 2 pouces.

Le fer *quarrillon* a 8 à 9 lignes de grosseur.

Le petit *quarrillon* a 6 à 7 lignes.

Le fer *quarré bâtard* est de 16 à 18 lignes de grosseur.

Le fer *rond* pour les tringles a 6 à 9 lignes de diametre.

Le fer *cornette* a depuis 3 pouces jusqu'à 8 pouces de hauteur, & un demi-pouce d'épaisseur.

Le fer *courçon* est une masse de fer de 3 à 4 pieds de long, & de telle grosseur qu'on la demande dans les forges.

Les ouvrages de gros fer sont les ancres, les tirans, les équerres, les harpons, les bandes de tremises, les étriers, les barreaux, les chevilles, & chevillettes, les dents de loup, les fentons pour les cheminées, &c. On ne détermine point ici la longueur ni la grosseur que doivent avoir toutes ces pieces de fer ; car cela dépend des circonstances & du besoin.

De la qualité du Clou.

Les Menuisiers aiment mieux le clou de Liége, qui a la tête déliée & le corps mince ; mais il est d'un fer aigre. Les Serruriers ne font usage que du clou Normand, parce qu'il est doux & a une forte tête. Les uns & les autres distinguent le clou comme il suit.

Clou de 4, à 1 pouce $\frac{1}{2}$ de long.
Clou de 6, à 2 pouces.
Clou de 8, à 2 pouces $\frac{1}{2}$.
Clou de 10, à 3 pouces.
Clou de 12, à 3 pouces $\frac{1}{2}$.

De la grosse fonte.

On fait usage de grosse fonte pour les contre-cœurs de cheminée & leurs garnitures ; les réchauds de fonte pour les fourneaux potagers, les poissonnieres, les têtes de Dauphins ou déguelards, pour mettre au bas des tuyaux de descente : les tuyaux pour les fosses d'aisance, les boëtes ou fouillards pour les poteaux d'écuries.

Tous ces ouvrages de grosse fonte sont fournis par les Marchands Quincailliers, & se vendent au cent pesant.

La *Planche trente-septieme* contient la moitié de trois *grilles* de goûts différens & nouveaux. La grille A est tout-à-fait simple. La grille B moyennement riche, & la troisieme C, est tout-à-fait riche. Dans chacune, il y entre du fer de trois grosseurs différentes : le plus gros fer aura 2 pouces quarrés, le moyen aura 18 lignes quarrées, & le plus petit pour les barreaux, aura 1 pouce quarré : les remplissages pour les pilastres D & E, seront faits avec du fer de 8 lignes quarrées. Les ornemens seront fondus en cuivre jaune, & le tout sera peint à l'huile, soit en noir, en gris, ou en vert ; & pour une plus grande beauté, on dorera à propos une partie des ornemens.

La *Planche trente-huitieme* contient différens balcons A, B, C, D, E, F, G, H, I, K, L, M, d'un goût nouveau : le fer qu'on emploie pour ces ouvrages est d'un pouce quarré, pour le plus gros ; le moyen est de 8 lignes quarrées, & le plus petit est de 6 lignes quarrées, avec du fer plat de 6 lignes, sur 3 d'épaisseur. Quant aux ornemens & à la peinture, *voyez ce que nous en avons dit ci-devant.*

On connoîtra les différentes hauteurs & largeurs, en se servant de l'échelle qui est au bas de la planche.

FIN.

APPROBATION.

J'AI lu par ordre de Monseigneur le Garde des Sceaux, un Manuscrit intitulé, *Elémens d'Architecture*, & j'en crois l'impression très-utile. A Paris, ce 8 Janvier 1776. *Signé*, COCHIN.

Le Privilége est à la fin de la premiere Partie.

Pl. 37.
A
C

A
B
C
D
E

Plusieurs Balcons d'un goût nouveau
A
G
B
H
I
C
D
E
K
L
F
M
po. 12 0 1 2 3 4 5 6 7 pied

Plusieurs Balcons d'un goût nouveau

A

G

B

H

I

C

K

L

D

E

F

M

12 0 1 2 3 4 5 6 7 pied

TABLE DES MATIERES.

PREMIERE PARTIE.

SECONDE PARTIE.

TROISIEME PARTIE.

FIN de la Table.

ERRATA.

PREMIERE PARTIE.

Page 11, *la derniere ligne*, le Torc k, *lisez* le Torc h.
Page 10, *ligne* 12, Cimaise inférieure k, *lisez* Cimaise inférieure h.
Page 27, *ligne* 8, la ligne C S, *lisez* la ligne D S.
Même page & même ligne, la ligne C A, *lisez* la ligne D A.

SECONDE PARTIE.

Page 6, *ligne* 10, BRIAXISTHIMOTE, *lisez* BRIAXISTHIMOTÉE.
Page 17, *ligne* 32, la Plache, *lisez* la Planche.

TROISIEME PARTIE.

Page 7, *ligne* 3, collosseux, *lisez* collosseaux.
Page 13, *ligne* 15, colonnes, *lisez* colonnes.
Page 13, *ligne* 33, Bramente, *lisez* Bramante.
Page 21, *ligne* 3 eu Bourgogne, *lisez* en Bourgone.
Page 35, *ligne* 19, *t r*, *lisez* *t v*.
Même page, *ligne* 30, *page* 1, *lisez* *page* 11.
Page 44, *ligne* 28, hors œuvre, *lisez* dans œuvre.
Page 45, *ligne* 21, qu'un, *lisez* qu'un.
Page 73, *note* (*e*), iainsi, *lisez* ainsi.
Page 75, *ligne* 12 *de* C rr are, *lisez* de Carrare.
Page 76, *derniere ligne* u maître Autel, *lisez* du maître Autel.
Page 88, *dans la table*, *la derniere colonne*, 6. 8:, *lisez* 5. 8:
Même page & même colonne, 5. 8:, *lisez* 6. 8:

ERRATA.

Page 96, *ligne* 24, le poteaux, *lisez* les poteaux.
Page 97, *premiere ligne*, le unes, *lisez* les unes.
Même page, *ligne* 5, emploie, *lisez* employent.
Même page, *ligne premiere de la note*, champ, *lisez* chan, & aux autres endroits où ce mot est mal mis.
Page 104, *l'avant-derniere ligne*, & froid, *lisez* à froid.

www.ingramcontent.com/pod-product-compliance
Ingram Content Group UK Ltd.
Pitfield, Milton Keynes, MK11 3LW, UK
UKHW020557180726
13838UKWH00001B/289

9 782329 342634